知识付费群体的赢利模式与运营探究

知识付费社群

打造价值型文化生态圈

李燕　戴燕◎著
王维◎编

中国纺织出版社有限公司

内 容 提 要

目前知识付费行业的发展依然处于早期阶段，问题与机遇并存。本书抓住当前知识付费领域存在的诸如知识碎片化、用户体验效果较差、缺乏内容评价体系和筛选体系、复购意愿不高等问题，深入浅出地阐述了当前知识付费社群的运营管理之道。全书共分为八个部分，依次是知识型付费社群的价值输出、知识付费社群的组织架构和制度规划、从零开始建立知识付费社群、知识付费社群的日常管理与维护、推广知识付费社群的方法和步骤、付费社群经典案例剖析、社群思维引领传统教育培训行业走向未来、知识付费社群的未来展望，对知识付费社群的运营与管理具有一定的实践指导意义。

图书在版编目（CIP）数据

知识付费社群：打造价值型文化生态圈 / 李燕，戴燕著；王维编. —北京：中国纺织出版社有限公司，2020.6

ISBN 978-7-5180-7311-5

Ⅰ. ①知… Ⅱ. ①李… ②戴… ③王… Ⅲ. ①知识产业—运营管理 Ⅳ. ①F49

中国版本图书馆CIP数据核字（2020）第064643号

策划编辑：史岩　　责任校对：王花妮　　责任印制：储志伟

中国纺织出版社有限公司出版发行

地址：北京市朝阳区百子湾东里 A407 号楼　邮政编码：100124

销售电话：010—67004422　传真：010—87155801

http：//www.c-textilep.com

中国纺织出版社天猫旗舰店

官方微博 http://weibo.com/2119887771

佳兴达印刷（天津）有限公司印刷　各地新华书店经销

2020 年 6 月第 1 版第 1 次印刷

开本：710×1000　1/16　印张：12.5

字数：150 千字　定价：48.00 元

前 言

如今，学习呈现出跨界化、碎片化等特征，人们的时间也被拆解得支离破碎。随着人们对于知识需求的逐渐提高，仅靠传统阅读和学校教育已经无济于事，必须获得价值更高的有效信息，这不仅需要更多可信的知识源和知识，更需要读者提升自己的时间有效性。

2013年8月9日，“罗辑思维”推出了“史上最无理”的付费会员制：5000个普通会员，200元／人。结果，5500个会员名额，仅用了半天就告罄，轻松入账160万元，这就是知识付费的萌芽。2014~2015年知识付费开始发展，直到2016年上半年，付费语音产品“分答”问世，该产品拥有王思聪的加持，上线仅一个多月，就获得了1000多万微信用户的访问；随后罗振宇的“得到”上线，整个行业被点燃引爆。

在已经过去的两年多里，众多事件的发生让内容付费成为互联网行业的风口：分享平台“喜马拉雅FM”、语音问答平台“分答”、知识分享社区“知乎Live”、知识订阅产品“得到”等的出现，没有花费多少时间，就吸引了众多用户的关注，帮助众多内容生产者实现了商业变现。

2016年被称为“知识付费元年”，经过几年的发展，如今知识付费理念已经获得越来越多用户的认可和接受，知识付费市场远比之前预期火热，参与知识付费的社群也越来越多。

国内互联网用户的付费意识正逐步提升，视频、音乐、网文等各内容平台的付费率都得到大幅提高。业界预测，随着用户需求的提升、市场的下沉和产业链的拓展，用户知识付费（不包括在线教育）的总体经济规模可能达到300亿~500亿元。

知识付费热潮的兴起，原因主要有三点：一是人们的消费结构已经悄悄发生改变，发展型消费大大提高；二是随着移动支付的不断普及，人们对内容和知识付费的意愿和消费观已然发生转变；三是用户信息获取的方式发生了变化，舍弃了过去漫无目的的被动接受，推崇主动获取，信息选择行为更加成熟，用户更愿意为专业化、垂直化的内容埋单。

直到2017年，这一趋势依然在按照原速发展。3月7日，豆瓣网推出了自己的第一款付费产品——“豆瓣时间”；之后，微信公众号加快上线了付费订阅。为了抓住更多用户的注意力和打造优质内容，众机构纷纷操起了手里的工具，迎着知识之风，蜂拥而起。

目前，知识服务产品已成“群雄逐鹿”态势，但就现有市场上的产品形态来讲，无论是综艺式的说话课程、快速解惑的付费问答，还是读书精华，内容都呈现出大众化、浅层化、覆盖面广等特点，无法满足用户的深度学习、获得知识沉淀的需求。知识付费社群如何突破？也就成了亟待解决的问题。

此书从知识付费社群的价值输出入手，主要讲述了知识付费社群的组织构架、制度建设、日常管理和维护、运营推广、教育培训等，紧抓知识付费社群的要点，分析简单，方法得当，案例典型，值得借鉴。

知识付费社群的建立，也是一个不断学习的过程，只要我们放低姿态，多学习，多思考，多借鉴，就能将知识付费社群的价值最大化。知识付费社群的前景，值得期待！

目 录

第1章 知识型付费社群的价值输出

第2章 知识付费社群的组织架构和制度规划

第3章 从零开始建立知识付费社群

第4章 知识付费社群的日常管理与维护

第5章 推广知识付费社群的方法和步骤

第6章 付费社群经典案例剖析

第7章 社群思维引领传统教育培训行业走向未来

第8章 知识付费社群的未来展望

第1章

知识型付费社群的价值输出

◆从马云对达沃斯论坛金句看付费社群的价值

2018年1月24日在“2018冬季达沃斯论坛”上，前阿里巴巴集团董事局主席马云与全球青年领袖进行了多方面的交流，主要包括女性赋权、企业管理、未来教育等。其间，马云更是金句频出：

1.未来30年，全球会出现巨变，一旦发生第三次世界大战，定然充满了疾病、环境污染和贫穷等，而不是人与人之间的战争。

2.在电商购物网站中，女性会买很多东西，但多数都是买给老公、孩子和父母的；而男性只为自己买东西。

3.我们的价值观是顾客第一、员工第二、股东第三。

4.任何人都无法制止全球化，任何人都无法制止贸易，一旦停止贸易，战争就会爆发。贸易是解决战争的方法，而不是原因。

移动互联网的出现和发展，改变了人们获取信息的方式，带来新的机会。大众时代的消失，小众和社群的崛起，让渠道、团队、产品等纷纷碎片化，流量越来越难找。在碎片化的环境中，新媒体、社群、意见领袖等将形成新的流量入口。

做知识付费社群平台，不能贪大求全，不仅要做精品，深度挖掘，更要重视互助和价值共享。只要不断注入价值、不断规范管理，知识付费社群就能长时间持续下去，并培养出骨干，形成新的团体。移动互联网的出现，让个人社交在数量和频率等方面都实现了爆炸式增长。

过去，我们的社交圈都很窄，一生中交往的人数平均不会超过150人；如今有了微信朋友圈，跟自己交往的人却能超过5000人。如果有多个微信，人数还可以多达上万甚至百万，朋友们之间都能产生一定的社交关系，只不过数量上有所差别而已，社交频次大大提高。

移动互联网改变了信息传递和分享的模式，是一场彻底的颠覆，所有的风口都与它有关。知识付费社群的价值在哪里？它在于把碎片收拾起来，把人圈住，建立自己的核心竞争力。一款互联网产品，很难跟BAT抗衡，但如果把400人放在教室里，做些产品和服务的推广，BAT就无法跟你竞争。这就是价值！把碎片化收拾起来，可能不会很大，但足以养活你。

要想做知识付费社群，首先就要提高号召力。方法有两种：一种是借助新媒体的力量，如传统媒体、段子手、行业大号等；另一种是发挥意见领袖的作用，如马云、马化腾等都是商业领袖，是大V，他们说出的话能够影响很多人。

如今，垂直用户越来越清晰，什么叫垂直用户？比如，医生、科学家、律师，每个领域都有一个圈子。圈子中会出现一些意见领袖，当用户对事情产生疑问的时候，就可以参考他们的观点和意见。

一、知识付费社群兴起的原因

知识付费社群的出现，与当前的大环境有着密切的关系。随着社会的发展和人们生活水平的提高，越来越多的人在满足生存需求后，需要得到更高层次上的满足。马斯洛的需求层次理论告诉我们，当人的生理需求和安全需求得到满足以后，就会考虑到一些精神层面的需求，对于一二线城市的部分白领来说，更渴望社交和被尊重。

这样的人群一般都生活在大城市，每天都能感受到城市的变化和职场的压力，面对重重压力和变化，他们就会通过不断的学习和积累来让自己适应当前社会的发展。同时，由于互联网的存在，每个人每天的状态都可以轻而易举地被他人知道，看到别人在微信朋友圈或微博上发布的生活信息后，有上进心的人就不想落在优秀者的后面，就会努力学习，不断提升自己。

知识付费的兴起，一方面是由于城市白领在高物价、高房价、高压力、多焦虑的情况下，催出来的一种主动选择学习的行为；另一方面是在互联网的推动下，为了将碎片化的时间很好地利用起来提升自己，于是就想到了知识付费。同时，打开知识付费的课程后，很多人发现，很多课程的内容都非常详细，定价也并不是很高，觉得用少量的钱购买知识很划算，不仅可以学到知识，还能减少花费的成本。

二、知识付费的发展现状

知识付费，不仅满足了很多人的刚性需求，也在一定程度上缓解了人们的压力和焦虑；学习付费知识，还能学到一些专业的知识和技能，让自己的知识系统得到一定程度的提升。可是，如今有很多人依然觉得，自己花费了很多时间和精力去学习，但有些课程对知识增长和个人成长并没有多大的意义，这到底是怎么回事？

这些课程的类型主要有以下三种：音频、视频、图文。好的知识付费产品和差的知识付费产品的区别就在于内容的质量。但在互联网红利之下，很多知识付费的门槛并不高，在同一时间众多知识产品一下子都涌入到了平台，用户无法在第一时间分辨到底哪些产品是好产品，哪些产品的质量并不好。因此，很多人在付费学习以后，对知识付费产品的用户体验效果并不满意。

调查发现，有些人甚至还觉得知识付费是一场骗局，只有很少一部分人觉得知识付费有帮助。可见，多数人对付费学习产品并不满意，其不满意主要表现在他们对知识付费产品的质量不敢恭维。

三、知识付费社群的未来前景

未来的知识付费，应该是怎么样的？

1. 知识付费＋精品内容

对于多数人来说，知识付费就是在知识的海洋里将各种原理打碎嚼烂挑选后，送到用户的嘴边，解决用户的焦虑；同时，对于金字塔上少数追求卓越的人或想要实现知识跃迁的人来说，碎片化知识则能帮助他们深化理解。

如今的知识付费，多数都是知识外衣下的粉丝经济。“30天让你成为数学达人”“只需60天，让你学透新媒体运营”等，顺带附赠专业教授点评和社群互动，进入同圈层的社群还能积累人脉……这类知识付费内容的营销标题随处可见，但学员学习一段时间后，会产生消极评价，也不会长时间学习。

因此，学科知识内容或许不太适合知识付费，但这类硬知识更适合把知识付费作为一种辅助，只有将其他形式结合起来一起学习，才能让学员获取更多的知识，从而有助于提升学员能力、素质和知识，如通识类知识，更适合通过知识付费的渠道来获得。因此，未来的知识付费平台应该从内容出发，找到适用于知识付费形式的知识。

未来的知识付费必然是回归精品内容，或提供更多适合知识付费形式来表达的知识内容。知识付费时代，内容才是关键。

2. 知识付费＋人工智能

移动互联网发展的最近十年间，技术不断发展壮大，学员的能力也在不断提升。很早以前，各种网站论坛就是大家相互沟通交流的平台；后来，变成了博客；再后来，出现了微博；到如今的微信朋友圈。不难发现，移动互联网的发展都是围绕用户的社交需求展开的，只是展现的形式和实现方式不同而已。

因此，完全可以将知识付费产品灵活运用起来，从在线阅读到在线教育，再到知识付费，技术未来会给他们提供更大的发展空间。比如，学员购买了知识付费产品后，就能直接组成知识付费社群，模拟课堂学习，或利用AR手段跟教师进行一对一沟通，甚至学员的反馈也能直接对教师的教学设置产生影响。

随着知识付费和人工智能的相结合，未来人们的知识体系都会被保存在云端，有了学习需求，只要调动云端上的数据，就能个性化地匹配相关的知识付费内容；就能根据学员的能力和目标来设定课程，在学员习得一个知识付费产品时，对学员的行为和反馈进行监控；让学员进行课程考试，并告诉学员应该重新学习哪些内容。同时，这些数据都会被同步到学员的云端数据中，逐渐运用到其他场景。

3. 知识付费＋其他

知识付费工具平台，如小鹅通、短书等服务平台，可以满足多种知识付费需求，未来的发展空间依然很大。

（1）知识付费的广告植入。一般情况下，学员付钱后，本来是不会出现广告的。但是，如今在各大视频网站上，即使是VIP，在看节目的过程中，广告的软植入也无法去掉。

知识付费平台是否也能植入广告呢？答案是，可以！比如，在直播过程中，可以摆出“××凉茶”，休息之余喝一下，学员就能接受。随着知识付费产品流量的不断上升，这种软植入也会逐渐被引入。

（2）知识付费IP孵化机构。知识付费的时代，其实也是个人IP的时代。未来，会有更多的大V被发现，满足不同需求的用户群体。媒体盛行时期，大V的培养和挖掘，以至后期大V工作的介入，都会使知识付费平台或第三方工具有很大的发展空间，为打造个人IP提供途径。

◆知识付费社群是知识传播的最好方式

知识付费是一种网络内容付费形式，知识传播者将包括各种知识技能、智力资源在内的知识，通过网络以付费的方式传递给社会大众或特定平台。

用户是知识付费传播的核心节点，是受众和粉丝的外延，不仅能主动生产和传播知识，还能推动知识付费的有效传播。只要围绕用户提升知识服务水平，建立和完善用户反馈机制，统筹线下资源，推动线上互动，运营知识社群，就能实现知识付费传播的优化。

一、知识付费社群的传播模式

借用传播学者拉斯韦尔的“5W”模式，对知识付费的传播过程进行分析，就能清晰地掌握知识付费的传播模式。

“5W”模式就是指传播者（Who）、传播内容（Says what）、传播渠道（In which channel）、受众（To whom）、传播效果（With what effects）。网络知识付费的传播模式，比传统的知识传播形式，有了量和质的飞跃。

1.知识付费的内涵

比如，财经、健康、养生、亲子、职场、娱乐等，极大地拓宽了知识的内涵。知识付费所指的“知识”与经典意义上的知识定义略有差异，知识付费所提供和分享的知识主要是指聚焦于某一垂直领域、在人们的一般经验中稀缺的具有高场景度、高可操作性的知识。

2. 知识付费实现了经济效益和社会效益

2016年，喜马拉雅的第一届“123知识狂欢节”创造了5088万元的业绩；2017年，第二届“123知识狂欢节”创造了1.96亿元的销售规模……知识付费平台的收入屡创新高，各大知识付费平台的用户复购意愿在80%以上，实现了不错的传播效果。

3. 知识付费的传播者

知识付费的传播者既包括知识生产者，也包括知识的二次传播者；不仅包括传统的知识生产者，即各个领域的专家学者，也包括网络上小有名气的知识大V，甚些知识付费用户，只要是细分领域的专家，就能成为知识付费的传播者。

4. 知识付费的主要传播渠道

随着4G网络的普及，通过视频传播的知识付费内容也渐渐增多，但多数知识付费内容都以音频结合文字传播为主。

5. 知识付费的受众群

调查显示，内容付费用户数量呈增长趋势。知识付费的用户主要是对知识和成长极为渴求的“80后”“90后”，他们是社会发展的中坚力量和新生力量。

移动互联时代，知识付费的传播模式不仅扩大了传统知识的传播者和受众面，也拓展了知识传播的内容、载体与渠道，取得了传统知识传播模式无法企及的社会效益和经济效益。

二、用户的多重身份为知识付费传播赋能

知识付费之所以能在短时间内获得巨大的传播效果，主要原因就在于知识付费用户需求巨大。其以用户为导向，围绕用户需求来打造传播者、传播内容和传播渠道等，用户需求和多元身份有效促进了知识付费的变革升级。

在现有的社会化环境下，用户是信息传播的节点，各节点既是信息的接受者，也是信息的传播者，能否吸引大量的用户，决定着知识付费平台的成败。

知识付费的用户，既是知识付费的消费者，也是知识传播的受众；其间，既有知识付费平台的使用者，也有知识社群的粉丝。付费用户的多元身份，不仅对知识付费传播提出了要求，更赋予了用户源源不断的传播势能。

1.粉丝——知识付费用户的内涵

在知识付费的内容类型中，行业的重要支柱是拥有庞大粉丝群的头部内容，知识付费的社群服务模式同样建立在粉丝的凝聚力、传播力和消费力基础上。

“粉丝”就是异常喜欢、对某种东西极度着迷的群体。粉丝是第一批掌握网络技术的群体，是第一批通过消费内容和文本形成自我认同的群体。而网络迷群则是借助网络平台如BBS、贴吧、社区、聊天群等论坛方式聚集在一起，对明星、电影等话题进行互动的人，是典型的社会群体，经常进行社会互动，成员关系相对稳定，行为规范协同一致。

在知识付费传播中，“网络迷群”的主要表现是知识社群的构建。粉丝一般都是过度消费者，正如约翰·菲斯克所描述的那样：“粉丝

（媒介迷）是过度的大众文化接受者，对文本的投入是主动的、热烈的、狂热的、参与式的。”粉丝往往更愿意为自己喜欢的知识付费内容埋单。

不是每个知识生产者都拥有大量的粉丝，因为在网络时代，所有的创作、复制、传播成本都很低。但粉丝用户用自己的购买力和消费力推动了知识付费的发展。

知识付费用户既是受众，也是粉丝，具有巨大的传播势能。用户是大众的，具有一定的反馈功能，能够为知识付费内容提供分类和定位，能够筛选出更有价值的信息，主动参与内容生产，主动进行信息共享……最终，构建出新的知识传播体系。

在知识付费用户中有很多粉丝群，成就了知识社群的基础。粉丝，既是知识大 V 销售的重要推手，也是小众知识付费内容赖以生存的基础。

2. 主动性——知识付费社群用户的核心

用户是知识付费产品、技术、服务的使用者。用户不同于普通受众，具有主动性。知识付费用户会主动选择知识内容，反向推进知识付费内容的类型发展。

知识付费是一种知识分享，只不过增加了付费这个附加条件。用户通过分享主动传播付费内容，是知识付费传播的常态。现有的知识付费平台，多数都具有免费分享的功能，利用用户对知识二次传播的主动性，就能扩大知识付费的传播范围和效果。

用户主动性最突出的表现是用户生产内容。传统的传播内容主要是由传播者单向流向受众或用户，随着互联网的不断发展，知识生产的主动权不再集中在少数专业人士和知识分子的手中，用户生产内容（UGC 内容生产模式）成为知识生产的一种重要方式。

博客播客、微信、微博等内容的生产者，都是极具主动性的用户，使用Web2.0技术，他们可以不受时间和空间的限制随时随地分享观点、生产内容。用户选择内容、传播内容乃至生产内容的主动性，会给知识付费传播赋予连绵不断的动力。

3.大众——知识付费社群用户的外延

受众是用户的外延，其大众性主要体现在为知识付费用户量身定制的知识产品追求最大规模的受众群。在知识付费的传播中，头部内容依然占据着最大的受众群体，传播者追求的目标依然是受众的最大化，追求最关注的中心内容，推崇最浅显易懂的传达方式。

知识付费用户是受众，具有强大的反馈功能。在知识付费的传播中，反馈往往以用户的付费复购、评价等方式出现，用户的反馈信息会影响知识付费传播者的定位，知识付费的内容优化、类型调整、制作方式和传播运营等；有效的用户反馈，还能优化知识付费的传播模式。

◆知识付费社群的心理控制模式

2017年知识付费方兴未艾，得到、知乎Live、喜马拉雅、千聊、小密圈、饭团、分答、小鹅通等均取得了不菲的业绩，预估该行业的收入在2020年有望达到320亿元，市值也会达到1500亿元。

这场激情澎湃的盛景，给出了让人小兴奋的成绩：

2016年年底喜马拉雅举办了“123知识狂欢节”，3天共创造了1.96亿元的营收，相比2015年同比增长约4倍；

截至2017年12月，知乎Live总参与人次约为500万，电子书下载量破5000万；

2017年年中的知识发布会上，罗振宇一共发布了12款知识产品，订阅专栏的销量为206万；

……

可是到了2018年，知识付费市场似乎发生了一些畸变，网易云课堂、千聊的付费营销课程等刷屏了微信朋友圈，接连在短时间内惨遭微信封杀。

抱着治疗焦虑初衷的知识付费，不仅没有给“中产阶级”指出一条出路，知识付费本身也被戏称为“知识焦虑”。关于这一点，从心理学的角度可能更容易给出恰当的解释。

一、知识付费社群，迎合了用户的欲望

在一场知识发布会上，罗振宇讲过这一轮消费升级的逻辑："在付费的那一刻实现了人格跃迁，用户想成为更好的人。"在罗胖的眼中，"内容"已经成为一种商品，在中产阶级的心中更是一种稀缺品，继而影响了知识付费的产品形态。

今天，知识付费用户的热情依然高涨。可是，知识付费的打开率、完成率、复购率等一直都没有找到完美的答案。在短短的两年时间内，知识付费就从一个新奇概念发展到井喷，实现了野蛮生长。但很快就遇到了新的"瓶颈"，首先是复购率的问题。数据显示：喜马拉雅FM的产品复购率为52.4%，分答的产品复购率为43%。但另有资料却显示：目前知识付费平台的到课率平均还没有达到10%。问题究竟出在哪里？答案值得探究。

知识付费并没有走出长尾市场，多数流量都集中在了头部。就目前的态势来看，知乎本身就拥有一大批KOL（关键意见领袖），在流量方面相对平衡；喜马拉雅FM、得到等都将关注点放在了自带流量的名人大V上，如高晓松、马东、蔡康永、郭德纲等本身就有大批的粉丝，都能加速长尾效应的形成，且在内容上偏向娱乐化。

其次是良莠不齐的内容。有真知灼见的大V毕竟是少数，即使是大V，内容的生产也需要耗费大量的时间，甚至有些名人只扮演了朗读者的角色。知识付费平台降低了进入门槛，没有明确限定内容的质量，出现了"7天掌握……""15天打造……"等课程。

在上半场知识付费还是一个新鲜事物，很多用户都是抱着功利心入场的，目的性太强，知识市场略显贫瘠，很容易诞生出畸形产物。试问：众多饥渴用户挥舞着手中的钞票来购买知识，多少商家能守住底线

呢？除了知乎等少数几家平台真正能够为用户思考外，多数都有一定的割韭菜嫌疑。

二、知识付费社群，回归兴趣引导

知识付费的戏剧性和颠覆感，并不是什么新鲜事，而是培训行业本该如此。“被动学习”方式和用户“主动学习”心态的冲突、碰撞，让知识付费的玩家明白了两大事实。

1. 碎片化的知识学习无法解决实际问题

知识付费的首批用户多数都想利用最少的碎片化时间，获得最多的高质量知识，都想在最短的时间内解决自己在社交、工作等领域的问题。因此，知识付费产品必须容易上手，课程要短平快，不能浪费太多的时间，也不能有太多的信息流。同时，课程还要生动有趣，寓教于乐。

事实也证明，碎片化的学习并不能学以致用，还会影响用户的复购率。如何解决这个问题呢？没有标准的答案，但下半场的答案已经开始转向，从迎合欲望回归到了兴趣引导。比如，知乎在知乎Live、私家课“值乎”等知识付费产品之外，已经进行了大胆尝试，不仅上线了名为“知乎·读书会”的音频付费产品，还邀请李银河、巴曙松、傅盛、林兆华等“献声”。

不同于结构性的专业技能，“知乎·读书会”更偏向于兴趣引导。主动学习有着“逆人性”的特点，只能长期游走在教育产业的边缘，基于兴趣的知识付费必须抓住机会改变这一现状。

2. 对事物的深度认识需要花费一定的时间

格拉德威尔在《异类》一书中提出了“一万小时定律”，即1万小时的锤炼，是任何人从平凡变成世界级大师的必要条件。而前面提到的

"7天掌握……""15天打造……"等课程却明显有悖于大众认知，如同花钱学了营销课，却做不出刷屏的爆款，几个小时的速成式学习依然比不上十几年的媒体、公关、营销经验。很明显，得到、喜马拉雅等找到了知识变现的途径，至于知识付费的效果还要理性对待。

三、从情绪性消费到理性消费

人们之所以会产生欲望，多半是因为内心感到焦虑，同时伴随着很强的目的性。对于知识付费产品来说，用户体验最关键，可情绪性消费又存在很大的不确定性，用户只要能通过学习某种知识而缓解焦虑，便会给课程内容做出"好评"。

知识付费的下半场，玩家都在想办法规避这一问题。比如，"知乎·读书会"设置了一个巧妙的功能，用户只要付费就能成为年卡会员，就能享受听人解读、看电子书、在社区中讨论等服务，打通了学习和分享的闭环，引导用户在兴趣的基础上进行理性消费。而"名人领读"则强调用户与名人一起阅读，鼓励用户从更广阔的视角来理解知识内容，用更高级的方法论来需求答案，引导用户的理性消费。

在心理学上，人们一般都更喜欢与自身相似的人或观点或个性或背景，简单来说就是人格魅力。知乎和得到的"名人领读"就是如此。用户可以通过直接的手段获得名人、专家的讲解、指引与"干货"。

不过更需要注意的是"名人"的角色转换，不再是解读者，能够从中看出知识付费的新趋势。打个比方，迎合欲望的知识付费等于老师和学员的关系，老师讲述，学员聆听，有些"填鸭式"教学的味道。兴趣引导的知识付费像是导师和学员之间的关系，导师对学员起着一定的指导作用，需要学员自己钻研，独立思考。

◆知识付费社群，有效缓解了用户的学习焦虑

知识付费社群可以在形式上有效缓解用户的学习焦虑。

一、知识付费社群火爆的原因

知识付费之所以会发展如此火爆，原因不外乎以下几点。

1. 知识付费的基建设备齐全

过去，靠内容赚钱的人，需要通过报纸、书本、杂志等来售卖；如今，随着互联网的发展，媒介平台成为主要的知识获取途径，如喜马拉雅、知乎、得到、创客匠人等不同形式的工具平台，可以将知识变成图文、音频或视频；之后，再结合微信、支付宝等支付工具，不仅缩短了埋单时间，还降低了决策成本。

2. 对知识匮乏感到焦虑

每天各媒介平台上都会发布关于成功学、励志学和管理学等众多内容，无形中就放大了用户的焦虑。过去，很多人都没觉得好好学习有多重要；如今，自己好像每天不学点什么新知识，就会产生一种深深的内疚感。

3. 自媒体变现的局限性

在知识付费兴起前，自媒体的赚钱方式一般都是基于流量的变现，好像只有广告和内容电商。而该行当属于头部资源统治一切的行业，广告主基本上都被头部所瓜分。

知识付费给自媒体带来了新的商业模式，即使流量不大，也能赚到钱。从一定意义上来说，正是因为有了知识付费，内容创业才进入了下半场。泛娱乐化的内容做不了付费内容，越来越多的人将注意力投向了垂直有深度的内容。

如今，很多内容创业者都纷纷入驻流量型平台，如喜马拉雅、得到、知乎等，但这些流量型平台已经达到饱和，都是坐拥大量用户的行业大咖和自媒体大V，如果品牌没有知名度，是很难在流量型平台上获得收益的。

二、知识付费社群的优势

从知识付费这种线上学习的模式来看，与传统的线下学习相比，线上学习有着明显的优势。尤其是在成人教育领域，只要知识付费回归服务价值，就可以对人们的消费行为造成影响，前景可观。

1.合理利用零碎时间

在成人教育领域，要面对的一个问题就是，学习者基本上不会花费“完整”的一天来进行学习，多数人利用的都是碎片时间。在传统的线下学习里，学习者为了参加培训班或听讲座，需要拿出一整块时间，同时路上还要耗费大量的时间和精力，而线上学习则可以帮助学习者减少投入的时间和精力。

2.减少付出的金钱

无论是实体商品，还是虚拟知识产品，价格因素都是人们产生购买欲望后影响消费行为的第一道门槛。与传统的线下学习相比，线上学习费用一般只有线下费用的1/3甚至1/10。而对于“80后”和“90后”来说，这个价格完全可以接受。

3. 得到可观的回报

对学习者来说，学习后能得到的回报是决定性因素。在传统的线下学习里，一次性学习的回报异常有限，而线上学习的优点则能够完全凸显：可以反复收听，可以随时学习，能够巩固学习效果，可以提高回报效果。

从整体来说，内容付费渗透率在持续提升，内容付费市场也有着巨大的潜力。

三、知识付费社群对用户学习焦虑的缓解

知识付费社群可以解决深度与系统的问题，至少在形式上能够缓解用户的学习焦虑。

之所以这样说，主要原因就在于，知识付费社群的内容：以专业性为主，或者至少是高价值信息；以稀缺性为主，或者至少有别于其他非付费的高价值信息；以系统性为主，或者至少给成员确立了一个明晰的内容计划。这里，专业性是知识付费社群底线，稀缺性是日常指标，系统性是核心竞争力。

好的知识付费社群，不仅能在知识含量上满足用户的需求，还能在知识体系上给用户以质感。对于知识需求，用户需要的不仅有信息广度，还有信息的系统性、框架性和体系性。

在知识付费社群运营上，最好采取“量化的预告”与“量化的总结”两个方法。

1. 量化的预告

要将日学习内容、周学习内容、月学习内容等在第一时间告诉用户。比如，某英语付费社群，将100天的内容分成若干阶段，再将每

阶段学的内容分成若干计划，告诉用户：阶段划分的依据、学习材料选择的标准、答疑时间的安排。预告带有一定的陪伴意义，即明天、下周、今年等要做什么？怎么做？学习计划诚意十足，用户自然就会动心。

2.量化的总结

总结分为讲师的总结与用户的总结。讲师对每一次课程要总结，就是总结为知识点、金句；每一段课程要总结，即若干知识、金句总结为系统架构。用户的总结，则体现为作业的提交、日常的打卡、用户之间的交流等。

◆知识付费社群，中心是用户

一、知识付费社群给用户的感觉

知识付费社群给用户的感觉主要有以下几点。

1. 可操作感

用户看到科学、完整的学习计划、预告，将一个不熟悉领域的庞然大物量化成每天的具体任务，就能说明这件事的可操作感。如此，就能唤醒用户心中“我也可以”“我能行”等声音，将过去因懒惰造成的退步，变得更有勇气。

2. 成就感

用户与讲师一起参与到知识的总结中，就能体现这件事的成就感。无论是100天搞定英语听力，还是7周学会时间管理，用户每完成一个单位的学习任务，就能离成功更近一步。因为成就本身，早已量化。

3. 安全感

用户加入知识付费社群，学员进行讨论与督促，就能说明这件事的安全感。大家都在学习，我不能落下；我学了，朋友、同学没学，我自己就能偷偷地进步，或过得比别人有追求。

4. 仪式感

用户产生付费，付费产生心疼，就能说明这件事的仪式感。在这个世界上，只有一种投资是稳赚不赔的，那就是学习。因为学习是一种积极、健康、向上的生活选择。

二、知识付费平台的用户增长方法

知识付费平台用来增长用户的方法多种多样，主要方法有以下几点。

1. 打卡

打卡是一种最常见、通用、效果不错的方法。有个阅读社群平台，发出了这样的广告语：“坚持打卡满80天，价值200元实体书带回家。”结果，很多人都开始打卡，因为只要坚持打卡学习，就能赚200元的书。如今，有些人对打卡有抵触情绪，像学校需要早起跑步，不过多数人都觉得不错。因为多数人的工作时间都是比较固定的，也容易养成打卡的习惯。

2. 完成即有奖

完成即有奖这种方法很常见，即完成邀请好友的任务，可以免费听×××小课。这种完成任务获取奖励的形式有多种，如免费听课、赠送礼品，尤其是赠送各种电子书。最常见的是赠送礼品，但通常要邀请3~5个好友，分享给好友的产品必须保证质量。

3. 团购与分销

团购与分销两种方式也比较普遍，一个是给予优惠，另一个是给予奖励。很多的平台都会推出团购活动，如“三人团购即优惠100”。团购的方式一般是：首先，邀请好友；接着，支付很低的价格，就能获取相应的产品。这里的价格通常只有十几元甚至几元，用户不用想就能轻易地付费。分销是长期绑定用户的一种有效手段，通过自己的邀请页面，分享给好友购买，一方面可以给好友打个折，另一方面自己还能获得一定的返利。如果邀请的好友比较多，就能赚到比较多的钱。

4. 砍价

砍价这种方法人们一般都非常熟悉，某社交电商平台运用这种方法可以说是得心应手。有的平台可以将价格砍到0元，但要邀请大量的好友。多数平台都能将价格砍到9.9元、19.9元，并不需要邀请太多的好友，比较容易做到。

三、知识付费社群，知识变现的载体

在2016年前，知识传播主要以文字和视频为主；在2016年之后，以分答、喜马拉雅FM等为首的音频类产品逐渐进入人们的视野，与文字、视频共同构成了知识变现的三大载体。

1. 文字类产品

文字类产品是最古老的知识传播载体，也是最常见的知识传播载体，多数知识变现的尝试都是通过文字进行的。在知识生产领域，文字依然是绝对主流，不仅体现为传统的文字资料，还体现为知乎、微博及微信公众号等都在使用文字进行输出和互动。

文字类产品之所以具有这些优势也是有原因的，如知识吸收速率最高，虽然不一定效率最高；对知识生产者的语言和形象等要求，都很低；在内容中，可以嵌入其他媒体，如视频和音频等，能够表达出复杂的逻辑和认知等。

文字类产品最大的问题在于容易复制，无法切实地对版权形成保护；内容不够生动形象，只能传递知识，不会教会技能；对平台来说，文字类知识平台竞争异常激烈，创业非常不容易。

2. 音频类产品

音频类产品的代表为分答及喜马拉雅FM平台中的付费音频。音频类产品通过音频进行知识传播，最大的优势是伴随性。用户在做其他事情的时候，也能利用碎片化时间和不同场景来收听该类产品。音频类产品感染力强，有高度的人格化特征，适合在社交网络中传播，不仅能将个人IP立体化，也能将个人IP更有效地转化为吸引力。

但音频类产品也存在一些局限性：相较文字来说，它对知识生产者的要求更高，包括录制音频的技术手段；碎片化、便利性和传播深层次的知识内容无法兼容。例如，音频类产品如果要求读者做笔记，就无法做到伴随性；音频内容无法控制内容阅读速度，必须全部听完，效率不高。

3. 视频类产品

视频类产品包括固定视频和知识性直播。固定视频既有付费类短视频，也有较为成熟的课程，如沪江网校、网易云课堂、腾讯课堂等。知识性直播，如猿辅导、YY教育、鱼教鱼乐等。视频类产品是最接近传统的授课模式，能够产生良好的用户体验，内容丰富，客单价高，只不过对知识生产者的要求较高。

◆免费无意义，付费才能产生价值

如今，多数人已经意识到知识付费社群的价值和资源整合的重要性，有人甚至还说，知识付费社群就是一群人团结起来占别人的便宜。但是，知识付费社群并不是将一群人聚集起来就能产生价值，就能产生占便宜的能力，还要依赖于运营。

如今，很多人加了免费知识付费社群，但不懂交流和互动，甚至屏蔽了付费社群消息，只是不断地往里面扔广告，很少有人会主动加入知识付费社群。其实，如果用户支付了费用，就会认真关注群动态，好好学习，主动交流和互动。

既然已经花了钱，就要认真地去学、去做、去关注。如果是免费的，人们一般都不会去重视，也不会认真对待。只有收费的课程，人们才会去听，才不会缺席，不会早退，认真听。一旦免费，人们就会觉得课程没有价值；价格越贵，人们就越认真，学的人也就越多。另外，如果知识付费社群是收费的，群主就会对成员做些筛选，彼此之间就会更加信任。

免费的知识付费社群作用不大，付费才能发挥出最大的价值。所以，要选择高质量的免费群，有条件地多加入付费群。

一、知识付费社群的价值更高

为什么说知识付费社群更值得加入？付费门槛的设置，好处有以下几点。

1. 为社群提供更好的内容

一旦收取了会员的费用，群主就要保持知识付费社群的活跃度，为会员不断地提供有价值的东西，让付费进来的群成员都能得到价值，并增强群成员对社群活动的参与感。

2. 更好地维护和管理社群

既然这些人愿意承担一定的费用，说明这部分人群是认真的，经过一番思考才加入知识付费社群，将来可以更好地维护和管理社群。

3. 自动过滤掉某些纯捡便宜的粉丝

这部分人一般只喜欢捡免费的东西，很难提供有价值的输出。付费进社群的人，一般都是有一定层次和实力的人。

二、知识付费成员的角色扮演

根据知识付费成员参与度的不同，成员可以扮演不同的角色。

1. 群主的帮手——管理员

招募的管理员一定要跟自己有一致的理念和价值观，否则就会出现分歧；管理员要监督知识付费社群，维护成员，引导群成员及新人参与到社群活动中。

2. 活跃分子

他们是核心参与者、是活粉，要参与各种话题。如果社群中有一位大咖式的人物，做大家的意见领袖，就能吸引新的成员，同时黏住老用户。

3. 群主要为社群设置目标和方向

社群维持高活跃度，有很大的挑战。一个知识付费社群不需要过度苛求活跃度的高低，关键是围绕主题快速地进行交流互动，为成员提供和创造价值。

三、知识付费社群的基本商业模式

知识付费社群的基本商业模式主要有以下几种。

1. 围绕生产者的商业模式

从整体上来说，目前围绕知识生产者的商业模式基本为平台对产生的知识服务的费用抽成，其他的还不常见。如果将知识看作一般生产品，TOB的商业模式也一定会出现。尤其是从专业人士到知识生产者的转化过程，更是严重缺失。

2. 知识生产者的费用抽成

在知识付费的流水中，得到一定的平台运营费用，是最直接的商业模式。

生产技术培训或产品代理缺乏授课经验和内容创作经验是许多专业人士的痛点，但如同曾经兴盛的自媒体训练营一样，这种空白完全可以通过训练来进行培训，也可以使用专门将知识内容转化为课程的代理。

3.IP包装、营销和孵化

如今，大量的知识生产者涌入知识领域，并且逐渐产生头部效应。但在专门的IP包装、营销方面，与文娱消费领域相比，知识生产领域仍然处于落后期。直播产业发展的经验告诉我们，不仅能提高用户体验，还能增加整个行业的竞争水平。

4. 各种变现工具

围绕知识生产和变现的相关工具，如知识整理工具、备课工具和社群管理工具，就能提高知识生产者的内容生产效率，帮助知识生产者完成一系列的后续服务。这部分既可以由平台方提供，也能来自第三方。

5. 即时一对一问答

即时一对一问答包括文字与语音两种，文字包括值乎和微博问答；语音包括分答。一对一问答的逻辑比较简单，即用户付费向特定人员提问，回答者回答内容并获得收益，迅速、直接、价格低，便于用户接受和使用。一对一问答的较大问题是，对提问者的提问能力提出了较高的要求；只能针对单一问题、资讯类问题，无法满足深度知识的获取需求；回答者一般都无法通过这种方式获取高收入。

付费阅读（下载）根据次数，可以细分为短期阅读和长期订阅。内容可以是文字、音频和视频。付费阅读，能够保证生产者长时间且稳定地投入优质内容的生产，并根据人数获取稳定收益，用户可以获得较为系统的学习。付费阅读的最大问题是，缺少与受众的互动、版权无法得到保护；采用先付费模式，用户要对内容生产者产生信任感，内容生产者的IP化程度及其品牌影响力是这一模式的关键。

6. 线上授课和辅导

根据内容组织程度、导师的专业性、课后辅导和教研水平，可以从小型的知识分享一直发展到正式的授课。有了互动和教学过程，用户就能获得比较系统的知识学习；知识生产者线上授课为一对多，更能集中地进行课程设计和安排，且单价和变现效率更高。线上授课的问题在于，对知识生产者的要求较高，并不是每个领域都适合线上授课，适合需求明显且旺盛、内容深入、需要互动联系的领域。

7. 多种广告方式

在直接的付费内容出现之前，广告分成和原生广告是知识性网站及知识内容生产者的主要收入来源。目前，以音频内容平台喜马拉雅FM为例，其广告收入依然占总收入的70%~80%。值得一提的是，知识性内容产品对理性消费者的行为决策还会产生巨大影响，原生广告在知识变现过程中有着良好的前景。

8. 内容的二次销售或版权转让

不仅可以将一次生产的内容进行二次销售，如分答的偷听功能和微博的微博问答；还可以利用较低的费用来获得一对一咨询的答案。同时，优秀内容还可以通过版权转让的形式进行销售，如出书或付费转载。

9. 付费社群

用户需要付出一定的费用，才能进入知识共享社群。最典型的例子就是“罗辑思维”。付费社群的关键是建立用户信任，必须通过营销或与其他知识生产方式结合起来。

第2章

知识付费社群的组织架构和制度规划

◆好的知识付费社群都具备哪些特征

好的知识付费社群应该具备哪些特征呢？让我们先来看看短书。从中，不难窥见一二。

经过2016年大火的“知识付费”风口后，内容市场已经逐渐走向成熟。短书是为教育工作者和知识工作者量身打造的一款互联网产品服务，更重视教育工作者和知识工作者本身的品牌和用户，追求“为品牌商家赋能”，在成熟市场更贴近商业本质，经过多年的发展，在产品和用户数量上实现了质的飞跃。

短书不会直接面对用户，“知识变现平台”和“内容生产者”之间自然就不会产生入口冲突、流量冲突等。短书不仅为内容生产者提供技术支持，还提供一个微信HTML5知识小店、一个微信小程序、一个Android / iOS APP。一个短书小店可以承载企业/个人品牌展示、多媒体内容展现、支付交易、视频直播等多样功能，覆盖到教育培训，满足知识付费类企业、个人的需求。

短书技术团队隶属于南京厚建软件有限责任公司。该公司从2004年开始从事新媒体产品的技术研发，拥有数百家省市级媒体客户，涉及27个省和直辖市，积累了丰富的内容生产、发布、互动、管理、交易等经验。

2017年5月上线短书，用图文、系列课程、音视频、实时直播、社群等丰富的内容变现形态，增加了垂直线上教育培训类的功能，如“开课提醒”“线下活动报名”“作业点评”“题库测验”等，更好地覆盖和适应教育培训行业。

同时，短书在技术性较强的细分领域“视频直播”方面，是业内首家支持OBS录屏直播和现场流媒体实时直播的第三方知识付费SaaS平台，其视频直播延迟更低、成本更低、清晰度更高，受到国内外客户的自主推荐；在行业上更垂直，能够更深入地满足客户的需求；在核心技术上更专注、更领先。

如今，短书不仅明确了常规且丰富的内容付费形式、垂直线上培训行业的功能，还设置了丰富的营销插件。逐渐接入厚建云计算旗下领先的“秀赞营销平台”后，短书可以快速拥有分销返利、限时购、团购、抽奖、拼团、砍价等多种营销功能，协助每个中小型机构和个人快速推广自己的优质内容，在移动互联网的大时代下，为中小型教育培训机构和个人赋能。

总结短书的发展历程，付费社群的特征明显。

一、好的知识付费社群的特征

研究发现，一个好的知识付费社群应当具备以下七个基本特征：行为规范、层级结构、输出稳定、目标一致、榜样有力量、价值观相同、内部链接稳固。忽视了这几点，只能创造一个群，无法形成知识付费社群。

1.行为规范

要清晰地告诉成员：要实现共同目标，需要做哪些事情？例如，“007不出局”社群，为了实现七年以后去南极的公共目标，要求成员用7天时间写一篇文章，通过“输出”倒逼“输入”的方式提升自己，成员还要相互检查作业。行为规范越简单，效果才能越好，否则要求太多，难度太高，就会直接影响成员的积极性，致使成员选择放弃。在知识付费社群运营过程中，一般都是“过程大于结果，鼓励大于批评”，要让每个参与人员都觉得有收获、有信心，能够坚持下去。

2. 层级结构

知识付费社群有不同的层级，有社群的发起者或管理者、有热心的贡献者、有普通参与者……有些知识付费社群组织清晰，层级较为细分。比如：“007不出局”社群，就有践行者、组长、值月生、班长，在群之上还有校长等。不同层级，承担着不同的责任与权力，需要不断地引导知识付费社群底层成员向上一级走，形成正向的内部循环，实现社群的持续运转和达到复制性。

3. 输出稳定

知识付费社群要有持续稳定的产出，产出形式有产品、音频节目、文章、品牌等。稳定输出是知识付费社群存在的根本，通过稳定输出，能够让社群之外的人了解到社群，并鼓励更多人融入社群。在产出过程中，要鼓励成员共同参与，从一个人输出变为一群人输出，从PGC转变成UGC，并能让参与者体会到自身价值的提升。

4. 目标一致

知识付费社群通常都有若干个共同的目标，包括大目标和小目标。为了完成共同目标，成员就会团结合作、相互帮助。例如，“考研复习群”的目标就是让每个成员顺利通过。当然，共同目标必须符合多数成员的意愿。在大目标下，还会设有许多小目标，如每个月的学习目标等。

5. 榜样有力量

各知识付费社群都需要若干个榜样，即KOL或灵魂人物，带动其他成员一起来学习。比如，“罗辑思维”社群的榜样就是罗振宇，由罗振宇主导社群理念和价值观的输出；而“007 不出局”社群的灵魂人物则是普通人，他们反而比大咖更有说服力。事实证明，榜样的影响力越大，知识付费社群的号召力也就越大。

6. 价值观相同

“物以类聚，人以群分”，通常知识付费成员都有着共同的价值观标签，如罗辑思维的“爱智求真”。虽然共同观看起来很虚，但它能像宪法一样指导和统一成员的意识，形成具体的内容，即亚文化。比如，社群的logo、音乐、口号、俚语和手势等。

7. 内部连接稳固

在知识付费社群中，每个成员都有平等的发言权，都能在社群中不断地进行互动和协作，相互认识，彼此信任，产生情感连接。成员会通过多种方式连接在一起，整个社群的状态异常稳固。

二、知识付费社群是把“双刃剑”

1. 信息时代，知识付费社群的意义

信息碎片化，大大减弱了人们的信息处理能力。知识付费社群是移动互联网打造的一个完美产品，让人们不再局限于“互联网信息就该免费”的想法，更加明白了：信息的价值与价格是对等的，只有在志同道合的圈子里进行交流，才能实现最好的学习效果。

知识付费社群具有高质量信息、关系网、垂直化等特点，在屏蔽无用信息问题上，更能节省时间，效率更高。此外，以付费形式筛选会员，也能让知识付费社群挑选有决心、有魄力的会员，组团取暖，共同发展，避免死群、烂群的出现。再加上知识付费社群入会的价格非常便

宜，除了知名的知识付费社群外，多数都不会超过百元，适用于个人在某一圈子中学习交流。

例如，樊登读书会用2年时间积累了60万付费学员，年收入过亿。其之所以成功，一个原因就在于，坚持收费，每天收一元钱，对于爱读书的人来说支出也不高。

2. 知识付费社群的弊端同样不可小觑

从目前的众多知识付费社群来看，除了一开始做得早或拥有高知名度的自媒体以外，多数社群或夭折或半死不活。原因在于，知识付费社群同质化严重、产品太多应接不暇、处理不好人际关系等。

想要经营一个成功的知识付费社群，操作起来并不容易：首先，内容上要达到专业、稀缺和系统，要高效、有价值、有创新，否则根本无法吸引人们的注意力，更别说交费了；其次，会员身份复杂，要想维护好社群关系，就要花费更多的时间和精力；再次，知识付费社群不能以个人利益为中心，要想办法调动成员的积极性；最后，要加强群成员之间的信息沟通。

◆影响用户入驻知识付费社群的因素

如今，多数网红都在努力寻找适合自己的盈利模式，采用的方法也不一而足，要么靠流量销售产品，要么做付费社群，要么为网站拉流量……根据《新媒体蓝皮书：中国新媒体发展报告（2018）》：到2017年年底，知识付费用户为1.88亿，比2016年增长了102.2%。据此可以推断，2020年知识付费人群有望达到2亿、45%付费率、360元ARPU值，行业总收入规模达到320亿元。

豆瓣注册用户1.5亿，月活跃用户3亿。豆瓣用户主要为一二线城市的白领和大学生，豆瓣时间是豆瓣推出的内容付费产品，目前已经上线四种，未来将邀请学界名家、青年新秀、行业达人，推出精心制作的付费专栏。

每个专栏都包括数十期到上百期不等的精品内容，以音频、文字等多种形式呈现，每周定时更新。内容覆盖文学、戏剧、电影、生活等多个领域。豆瓣上，活跃着很多评论人、音乐人、摄影师、设计师等，他们既是内容提供者，也是豆瓣时间的主要合作者。上线5天，销售额就超过了百万，7天付费订阅用户超过数万。

豆瓣时间是为特定用户切入的知识付费模式，具有以下特点：

第一，在知识付费领域出现得比较晚，但在特定内容（文艺、影音、学术、心理、亚文化）等部分具有巨大优势和完整生态。

第二，拥有大量对特定内容感兴趣的忠诚受众和优质的内容生产者。

第三，以音频和文字授课式产品为主。

目前，创业最火的风口是知识付费和社群营销，由此延伸的知识付费社群就异常流行，各种圈子都开始做付费服务。商业化在很多领域都是必然趋势，正面看待、拥抱变化，就会带来意想不到的收获。通过知识付费，可以用金钱成本来节省时间成本，有助于在碎片化的时间内实现系统性的提升，快速提高认知水平。

知识付费社群就是给社群设置门槛，就是为了筛选精准用户，过滤无效用户，进群门槛的高低决定了该群的质量。一旦人们习惯了免费获取，就会不懂得珍惜，所以高质量的群肯定是高门槛的。一方面，付费是筛选会员的方式，可以挑选有决心、有魄力的会员，组团取暖，共同发展；另一方面，会员的付费能帮助社群的创始人获得价值回报，进而保证社群的升级服务。另外，社群的创始人也能更专业、更专心地为会员带来持续的高价值输出，实现良性循环。

那么，会员加入知识付费社群的决定因素是什么呢？不可否认的是，多数网络人都在苦苦思索如何找到属于自己的赢利模式，要么拉流量销售产品，要么做知识付费社群，要么为网站拉流量等。当然，有人是为了维护朋友圈，纯属个人兴趣、无欲无求，这个不在讨论之列。

准备做知识付费社群服务，必须好好研究一个问题：潜在用户是如何看待知识付费社群？如何判断自己能够提供相应的价值？对照以下5大因素，就可以衡量是否到了收费的阶段；而准备加入某个高大上知识付费社群的人，也可以以此作为判断标准。

1. 了解产品的核心

在知识付费社群收取服务费的时候，“产品”的核心其实就是自己，包括专业能力、人格魅力等。没有这个标签，别人就会不知道你是干什么的。

知识付费社群的核心和能量根基，在于圈子的组建者或价值提供者，用户首先考虑的就是他的个人品牌和形象。举个例子，如果现在马云要组建一个圈子，无论什么主题，都会有人挤破脑袋参加。为什么？因为他的个人品牌号召力巨大。

2. 为用户提供高价值

从本质上来说，产品和服务都是一种价值的传递，能够解决别人的实际问题或困惑。没有价值，就没有价格。如果是一个写作团，知识付费社群老大提供的核心价值，就是教别人如何写作，并进行耐心细致的辅导。

附属价值，在于认识高能量的人，受到正面的影响，站在巨人的肩膀上看世界。把经验和方法传递给别人，也是一种稀缺价值，更是目前部分知识付费社群的操作方法。

3. 彼此信任，关系良好

信任关系，决定着成交。当然，成交是建立在信任的基础上的。乔吉拉德销售汽车几十年，前期为了获得客户的信任，他不断地与客户接触；后期，别人脑海中已经形成标签，他(乔吉拉德)就是卖汽车的，他就是最专业的。因为专业，所以信赖；因为信赖，所以成交。这是情感因素。当然，要想建立信任关系，就要采用两种方法：一是主动建立信任关系，二是有其他人的信任背书，二者必得其一。

4. 满足用户的需要

对于体形健美、身材苗条的美女来说，即使将世界上最神奇的减肥药放到她面前，她也不会动心思，因为减肥药对她没有任何意义。商品的特性与需求匹配，才能实现价值。因此，要想让用户接受你的产品，就要从客户的需求出发，必须考虑到：产品需求与客户是否匹配、客户是否需要这样的服务？

5. 会员的支付能力

知识付费社群的最终落地，取决于潜在会员是否拥有相应的支付能力？之所以要将这一条放在最末尾，是因为无法衡量这一因素的比重，金钱对每个人的重要性无法正确判断：可能是决定性的，可能是无所谓的，更多地取决于受众群体的收入水平。

……

总之，知识付费社群是个新兴的事物，代表着真正的价值越来越被人所认可。只要拥抱这一变化的先行者，才能走在前方，并引领众人不断前进。

◆了解成员结构，让群活跃起来

一、知识付费社群的成员结构

知识付费成员结构能够有效反映社群的健康状态，成员的个人兴趣或爱好都相同，并不是好事。只有不同类型的人进行正态分布，才能获得跨界交流、思维碰撞的机会。优秀的知识付费社群，成员结构一般都包括以下几点。

1.社群的创建者

知识付费社群创建者的特质包括人格魅力、某领域资源、某项特殊技能、号召力、对趋势的洞察力。此外，还要具备一定的威信，吸引人们加入知识付费社群。创建者是社群核心中的核心，要对社群的定位、前景、发展、目标等进行长远考虑；创建者也是创始人，要用创业者的标准严格要求自己。

2.社群的管理者

作为知识付费社群的管理者，首先，要有良好的自我管理能力，要成为榜样，带动大家共同进步，率先遵守群规。其次，要有极强的交流能力，保证与成员的有效沟通，提高社群的黏合剂。最后，要有足够的耐心，做好社群的日常管理、群员提问、特殊问题的处理、活动的组织和跟进等。

3. 社群的活跃者

活跃者是知识付费社群中的核心用户或积极参与者，活跃度高的社群，需要成员的深度参与。在参与的过程中，社群的势能就能得到提高，社群的建设也会不断完善。活跃者是知识付费社群的中坚力量，有时社群的方向是由头部活跃者引领的。头部用户不但能保证现有社群的发展，还能不断进行新领域的开拓，带来更多的惊喜。

4. 社群的合作者

知识付费社群生态的建立，有利于给用户提供多元的价值，谁都无法凭一己之力完成所有事情。除了自身裂变出社群集群外，还需要进行外部的合作。如此，才能交流经验，才能互换粉丝。在一个环境待的时间太长，思维就会固化，适时地从外部引入新鲜的血液，也能活跃社群。

5. 社群的潜水者

不管在任何组织中，都会出现几个积极参与者，也都会有默不作声的人。对于潜水者需要分开来看，如果潜水者黏性不足，对知识付费社群没有感情，不会产生价值，就不属于这个群体，要及时清退。

对于社群来说，并不是每天出现几百条消息就是好事。有些人平时工作很忙，没时间活跃在社群中，但他有高端的资源、高质量的价值输出，即使是一两次的参与，也能提供超高的价值。对这类人要表示理解并保持沟通，因为多数的社群裂变、发展，都是由这类人带来的。

二、让知识付费社群活跃起来

如何才能提高并保持知识付费社群的活跃度呢？

1. 提高知识付费社群的价值

想要提高知识付费社群的活跃度，首先就要提高社群的价值。如果知识付费社群无价值，随着社群人员的不断增加，就很容易出现恶性循环，如灌水、无意义的聊天增多。这时，社群的元老、有价值的成员就会渐渐发现：这里已经不再是熟悉的地方，一切也会变得毫无意义，因此他们要主动选择潜水或退群。无意义的闲聊越来越多，有追求的成员就会渐渐离开；一旦有追求的成员离开，社群的影响力也会日渐平庸……如此，就能形成恶性循环。

有价值，知识付费社群才能长久发展；没有价值，知识付费社群也就失去了存在的意义，最多是个灌水群。

2. 提高知识付费社群价值的办法

要想提高知识付费社群的价值，可以采用的方法有以下几点：

（1）筛选合适的成员。社群，就是同等的一群人聚在一起。所谓的“同等”就是彼此的价值基本相同，至少处于同一个阶梯上。如同结婚选择“门当户对”一样，结识朋友也要选择比自己更优秀的人，社群同样如此。所以，对成员的质量也要进行筛选。知识付费社群在提供价值的同时，成员也要拥有一定的价值。比如，拥有某些资源、某个领域的达人等。成员的自身价值又能提高社群的整体价值，二者相互促进。提高了社群价值，就能吸引高质量的成员价值，形成一个正向的循环。知识付费社群本来拥有高质量的成员，为了扩大规模，泛滥地加入成员，就会让这些成员在无形中拉低整个社群的价值，高质量的成员也可能因为社群价值的降低而流失。所以，一定要对成员的质量进行筛选。

（2）持续提供内容。没有内容的社群是空洞的，不同类型的社群（如产品类、兴趣类、知识类、资源类、项目协作类、混合类等）都能通过不同的方式提供内容。内容提供可以分为两种形式：一种是领域达人分享。可以聘请同行业类的大咖、达人进行知识、经验的分享，让成员获得知识、技能上的提升；另一种是成员UGC。可以鼓励群成员提供优质内容，进行分享。成员自发提供的内容优势在于：一方面社群内的其他成员能够从中获益；另一方面能提高成员的虚荣心和荣誉感，增加对社群的黏性。

（3）共享社群资源。社群经济其实也是共享经济，那么什么是“共享经济”？共享经济就是以获得一定的报酬为主要目的，基于陌生人，且存在物品使用权暂时转移的经济形式。从本质上来说，就是整合线下的闲散物品、劳动力、教育医疗等资源。也就是说，将你的闲置资源共享给别人，提高资源利用率，从中获得回报。

◆掌握社群运营团队的组织架构

社群的运营离不开团队，更需要合理的组织构架。那么，优秀的知识付费社群采用的是怎样的组织构架呢？

一、知识付费成员的属性

一个温馨的知识付费社群，理想的构成是这样的：有一个内心强大、大爱大善的群主；有几个风姿绰约的万人迷；有几个不甘老去的世俗愤青；有几个三天两头晒养生的“砖家”；有几个有事没事经常对掐的好友；有时不时蹦出几句冷幽默的思考者；有掌握各种小道消息的内部人士；有几个存储记忆能力超强的超级大脑；有几个文人骚客；有几个视金钱为粪土、不时发红包的爱心人士；有多个一言不发、宁愿潜水也绝不退群的呆粉。

二、知识付费成员的职能

不同的群成员，有着不同的职能。

1. 社群的管理者

知识付费社群的管理者要率先遵守群规，要有良好的自我管理能力，需要以身作则；要恪守群管职责，有责任心和耐心；要决策果断，顾全大局，团结友爱，遇事从容淡定；要针对成员的行为进行评估，运用平台工具实施不同的奖惩，赏罚分明。

2. 社群的开拓者

知识付费社群开拓者的主要职能是宣传和谈判，需要懂连接、能谈判、善于交流。社群的核心和资源都是人，只有充分利用社群资源，才能将社群的潜力真正发挥出来。所以，开拓者需要进行多方谈判，不断地挖掘社群潜能，在不同的平台对社群进行宣传与扩散。

3. 社群的创建者

知识付费社群的创建者一般都有着一定的人格魅力，掌握着某个领域的知识，能够将成员号召起来；他们有一定的威信，能够吸引一批人加入社群；他们能对社群的定位、壮大、持续、未来等，都有长远的正确思考。

4. 社群的付费者

知识付费社群的运营与维护都需要成本，不论时间，还是物料，都是金钱的化身。所以，社群需要能够提供一定经济来源的付费者。付费的方式主要有购买产品、社群协作的产出、基于某种原因的赞助等。

5. 社群的合作者

独木难支，对于知识付费社群来说，最好的方式就是开发合作者，进行资源的互换。比如，与其他社群相互分享、共同提升影响力，或跨界进行合作。当然，知识付费社群的合作者一般都认同自己的社群，都拥有比较匹配的资源。

6. 社群的参与者

知识付费社群的参与者风格可以多元，但要尽可能参与到社群的活动或讨论中。活跃度决定了参与度，而要想活跃度高，参与者还要成为“牛人”“萌妹子”“逗比”等，激发社群整体的活跃度。

7. 社群的分化者

知识付费社群的分化者一般都有着较强的学习能力，能够深刻理解社群文化，参与社群的构建，熟悉所有细节。分化者是未来大规模社群复制时的超级种子用户，是复制社群的基础。

……

总之，不管是中心化，还是去中心化，要想对一个大知识付费社群进行维护，就需要建立合理的组织架构。需要注意的是，不同类型、规模的知识付费社群，要根据实际情况来设定不同的组织架构；社群的组织架构要根据社群的发展来进行动态调整，找到适合自己的社群架构。

◆做好成员定位，设定入群门槛

一、知识付费社群的定位

定位决定着知识付费社群的运营方向、内容输出、成员结构、盈利模式等，因此要想搭建知识付费社群，首先就要做好社群定位。只有先找准了社群定位、群运营，才有意义，才能转化，才有价值。

要想把知识付费社群做好定位，就要找到自己擅长的领域，做到差异化，明确群方向，提高行动力。如此，才能获得精准的群成员，才能提高群成员的忠诚度，团队才能更活跃、更稳固。

如今，各种各样的知识付费社群有很多，同质化很严重。在构建知识付费社群前，要正确认识自我，将自己的长处和优势与想要建的群巧妙结合起来，不断地进行思考与创意，产生并保持持续的输出，延长社群的生命力。

知识付费社群定位的核心四要素分别是确定服务、确定人群、确定制度和确定附加值。

1. 确定服务

（1）服务内容。比如，英语学习群，服务内容偏向课程内容、学习资料、英语干货等；电商运营群，服务的内容更多的是商品、活动等。

（2）服务形式。比如，售后类群，服务形式可能更多的是答疑；学习类群，服务形式更多的是大咖语音、图文分享等。

2. 确定人群

（1）目标人群。比如，亲子阅读群，多数都以有孩子的家长为目标人群；美食群，更多的是爱美食、会吃、会做的人。要明确知识付费社群的目标用户，知道他们在哪里。

（2）潜在人群。比如，电商推广群，每个人都有购买需求，关键是商品能否激发他们的需求，如果觉得可以激发某个人，就能把他归为潜在人群，逐渐转化成知识付费社群里的人。

（3）高价值人群。这类人可能是社群主动邀请来的，他们喜欢学习、善于输出，如果他们的输出与社群的主体正好保持一致，就可以邀请加入，提高社群的输出质量，继而激发出整个社群的活力度。

3. 确定制度

知识付费社群允许与禁止的事项，也就是公告和群规，毕竟无规矩不成方圆，如如何发言、如何讨论，群的交流要与群的定位和主体保持一致。为了让社群得到更好的发展，为了营造和谐的群整体环境，就要订立公约。其次，明确服务的提供时间与时效。群主的时间是有限的，不可能全天24小时为大家服务，因此要确定好群的服务时间、群内容分享时间等，以便节约时间成本，保证社群的高效运营。

4. 确定附加值

如果想让知识付费社群脱颖而出，就要做好差异化，要有附加内容，可以拓展基础服务、拓展福利活动、拓展荣誉身份体系、拓展高级服务、拓展激励机制等。比如，电商推广群，不仅要发商品、发折扣券、拼团等，还要普及商品知识、丰富推广内容、美图实用方法等，这就是附加内容。

再如，亲子阅读打卡群，除了每日的阅读分享、孩子阅读打卡外，群内的成员都是家长，需求更多的是对孩子的教育，或者自己的提升，所以也可以加一些内容。例如父母课堂内容、陪伴孩子阅读、各年龄段适合读什么书等。

再如，鲜果群，除了水果推荐、水果的功效外，还可以增加活动促进销售，如满赠活动、拼团活动、限时秒杀等活动，这也是附加内容。

总之，不同的知识付费社群有不同的定位，只有找出自己社群的独特价值，才能做好定位。

二、知识付费社群门槛设定

1.知识付费社群门槛设定的好处

设置门槛能给社群带来什么好处呢?

（1）不设知识付费社群门槛的坏处。没有门槛的知识付费社群，人们可以随便入群，成员的素质自然也就无法均衡，人员比较混杂，各类信息满天飞，如推广的、骂人的、色情的等。社群的价值基本上都是从信息上进行提取的，成员就是通过社群的各种交流信息获得价值的。如果成员混杂，就会让社群失去集中管理的主动权，影响到社群的良性发展，最终导致的结果就是无法沉淀成员，社群走向解散。

（2）设置知识付费社群门槛的好处。不管在哪个时代，只要是免费的东西，人们一般都不会太珍惜，喜欢不劳而获，根本就不能引起别人的重视。所以只有设定一定的社群门槛，才能让成员重视社群的存在，让成员知道：加入社群是有条件的，只有满足了条件才能获得入群资格，从意识上去重视社群。

对于知识付费社群来说，只有通过门槛管理成员，对社群人员进行方向性筛选，才能让整个社群的成员朝着预定的方向发展。设定一定的门槛，才能让成员有一定的仪式感，才能让成员有归属感，才能让成员自然而然地贡献价值等……可见，设置社群门槛对社群有百益而无一害。

2. 入群门槛的设定

想要成为高质量的知识付费社群，首先就要做好成员入群的筛选。让各类成员都加入社群，社群就会变成乌合之众，无法持续下去。设置入群门槛，通常采用以下几个办法。

（1）邀请制。由现有的群成员邀请推荐入群，有两个优势：首先，由现有成员推荐，该成员对推荐进来的新成员比较了解，符合知识付费社群的用户群体，能节约筛选成本；其次，新成员加入，有了推荐人的基础，就能在最短的时间里适应社群，提高对社群的黏性。比如，秋叶PPT的69群不对外开放，都是群主邀约，谁都可以来，但有一个条件：你得有一定的才华。

（2）付费制。愿意付费入群的人，一般都是对社群比较认可。看到某个知识付费社群，只有支付一定的费用，才会加倍珍惜。具体到付费金额的大小，可以依照社群的价值来设定。既可以设置一定的金额，引发社群变现；也可以设置小金额，用来筛选成员。

（3）阶梯制。将知识付费社群设置成阶梯社群，由初级社群到高级社群。初级社群，任何成员都能加入；如果想进入中级社群，成员就要完成一定的任务；如果想要进入高级社群，成员需要具有某种能力、人脉和资源等。只有形成金字塔社群架构，才便于社群的管理，才能激发成员的潜力。

（4）任务制。将知识付费社群或社群的宣传主题分享到微信朋友圈或朋友，达到一定的分享时间或分享数量，才能加入社群。这也是成员筛选的一种办法。如果想加入社群，就要贡献自己的一分力量。

（5）其他制度。入群制度不一定是单一的，可以是几种制度的结合。知识付费社群的需求不同，就可以采用不同的社群管理制度。

◆确立社群的发言制度及禁忌

随着知识付费成员规模的不断发展，发言制度也需要合理设定。每个成员都有自己的诉求，即使是单一领域的知识付费社群，也无法保证社群所有成员都只限于关注单一领域。知识付费社群的发言制度过于局限，时间长了，社群内容就会变得空洞和枯燥。

一、知识付费社群的发言制度

知识付费社群发言制度的设立，要注意下面几个方面。

1. 把控发言的细节

为了保证知识付费社群的发言质量，就要对发言的细节进行把控。比如：成员入群时，要进行编号，便于区分老师和学员；全体禁言，每周五开放分享，才能发言；修改字体、字号和颜色，便于区分老师和学员的发言；日常交流过程中，遇到问题，先到网上搜一下，实在无法解决，再跟大家一起探讨；要学会聆听，在成员没有表述完观点之前，不要插话，更不能故意打断他人发言；可以质疑别人的观点，但最好给出理由；讨论过程中，出现不同的观点，可以争论，但不能对成员进行人身攻击，更不能恶意捣乱；一次发言不能少于10个字。

2. 合理设置"广告时间"

比如，有些人脉群，成员加入知识付费社群的一个目的就是结识人脉，拓展业务，需要发布一些业务广告等。如果社群严禁广告，该社群对于这类成员来说，就没有太多价值了，多半都会退群。所以，可以合理地设置广告时间和制度。比如，规定每周有半天的时间可以发布正规广告；同时，发广告时还要发一个与群成员成比例金额的红包。广告发布后，如果有对应的业务匹配，可以私聊。如此，“人脉群”才能起到结识人脉的作用。

3. 合理设定“灌水时间”

如果知识付费社群实施的是全天禁言制度，只能将一些社群活动丢进社群，时间久了，成员就会失去对社群关注的热情，渐渐地，社群就会变得不再活跃，沦为死群。根据成员的属性、作息习惯，合理设置灌水时间，拓展社群，这样做有两个好处：一是可以提高成员之间的交流度、认可度和信任度；二是可以提高群活跃度，社群不会变得枯燥无味。

二、知识付费社群的发言禁忌

知识付费社群的内容永远不是单一的，因为任何人都不会围绕一种内容无止境地畅谈下去。同时，社群的内容也不能是闲散无序的，每个人都有自己的兴趣点，各说各家的事，无人响应，无人互动，时间长了，成员彼此找不到感兴趣的话题进行交流和攀谈，也会渐渐淡漠下来。要让成员根据自己的兴趣集中话题和内容，产生共鸣。

同时，要时刻谨记：知识付费社群是靠什么将大家汇聚在一起？如果你的圈群是公司圈群，依靠老板和员工的关系，可以用工作的方式要求员工在社群中活跃互动；如果你的圈群不是这种关系，就要更加灵活地进行内容管理。硬性要求太死板，成员不一定会买账，甚至会直接导致成员退出。所以，内容不仅要明确规范，还要合理有度。

所以，在发展知识付费社群时，要设置一定的禁忌，规范哪些内容是禁止讨论的；另外，还要让社群呈现多元化发展，让成员感觉有用且快乐。同时，如果不想将社群沦为广告群，就要采取多种手段，如“干货”分享、专属活动、优惠促销等。试想，如果社群每天都发布精选的干货文章，每周都开展各种线上线下的活动，每次活动都有各种各样的奖品，人们自然也就不会冒着被踢出的风险违反社群管理制度了。

◆用社群奖惩机制规范成员的行为

知识付费社群有禁止随意发布广告、禁止长时间灌水等禁忌的设定，也需要设定一定的奖励机制。

奖励机制的模式一般有以下几种：

一是物质奖励。例如，产品赠予奖励、产品试用奖励、现金奖励等；

二是精神奖励。例如，贴吧置顶说明，并颁发荣誉奖章；在产品界面中表达感激；

三是实地奖励。例如，小米论坛的精英用户，可以直接进入小米公司，优先参加“米粉节”，成为知识付费社群中的明星。

为了保证知识付费社群的健康发展，就要引入奖惩机制。只要是对知识付费社群做出贡献的，都要进行奖励，促进社群的发展；违反社群规则，要受到惩罚。

一、知识付费社群的奖励制度

如果成员在知识付费社群中优秀表现，为社群带来了巨大的贡献，就要对成员进行奖励，并对成员进行公开表扬。一方面鼓励该成员继续前进，另一方面为成员树立榜样，激发成员的潜力，使社群正向发展。

1.无论哪种奖励机制，遵循的第一原则都是为知识付费社群贡献力量

也许一名成员并不瞩目，提出的建议也不一定“高大上”，但只要取得了不错的效果，只要受到了成员的一致好评，就能赢得奖励。突出贡献，多数是“机动事件”，可遇而不可求，而且人数较少。那么，如何才能建立更广泛的奖励机制，让成员都体会到“荣耀”呢？答案就是，设置签到奖励制度。

2. 无论QQ群、百度贴吧，开通“签到机制”，就是很好的奖励

例如，连续签到15天，可以获得价值20元的优惠券；连续签到30天，可以获得最新的活动方案和解析；连续签到半年，可以直接晋升更高一层的知识付费社群！用户一旦养成每天签到的习惯，不仅会给知识付费社群带来全新的晋升机制、话题，更能加深社群在成员心中的存在感。

3. 红包也是有效的奖励机制

设定不定期的“首席惊喜官”，只要对社群应用、产品、服务提出有效的建议，管理员就可以给该成员一定的红包奖励。数额不用太多，1~5元即可，但一定要当众多次表示。当然，要想激活每一个社群用户的进取心，促使社群爆发出更大的活跃度，最好将“物质奖励+精神荣耀”结合起来。

二、知识付费社群的惩罚制度

如果成员的言行对知识付费社群造成了不好的影响，或违反群规，就要根据情节严重程度对该成员进行惩罚。惩罚是保障知识付费社群健康运转的基础，社群中的任何人都不能拥有特权，即使是社群意见领袖也是如此。

举个例子，罗永浩之所以会在微博发送之前交给公关团队审核，就是为了避免因自己的意气用事而口不择言，给整个知识付费社群带来不良的影响。所以，没有人有特权，是社群惩罚机制的底线。

不同的知识付费社群要根据社群的实际情况设定群规。群规的设定，要根据全员的意见和投票进行，不能群主一人独权。记住：健康的知识付费社群，需要有活力的成员；成熟的知识付费社群，需要守规矩的成员；成功的知识付费社群，需要充满价值感的成员。

第3章

从零开始建立知识付费社群

◆建立社群，先要明确主旨

社群就是一群不同的人聚在一起，为了一个目标共同做一件事，需要把互相最具优势的能力整合在一起。简单来说，有社交的地方就有人群，有人群的地方就有市场。社群经济形成于共同兴趣，并在其特定的市场产生。

创立了微信群，起个适当的名字，在微信朋友圈分享一下，虽然也会有几十人入群，但终归都会慢慢死掉。为什么会有几十人加入呢？因为加入的人都会看中你的名字，如……资源共享……行业交流等；加入之后，如果慢慢发现价值并不是很大，对自己毫无帮助，就会沉寂下去，最终退群。

设身处地想一下，自己要加入一个群体，一定是该群对自己有帮助。因此，优秀的社群一定能为成员提供持续的价值，只要加入，就能真切地获得他们需要的东西，即使这种东西跟目标关联不大，但也要给群成员提供可延续的价值，让他们变得极度忠诚。

一、知识付费社群最大的意义

建立知识付费社群，首先要明确一个核心主旨：知识付费社群最大的意义是什么？

1. 知识付费社群平台最大的意义是用户关系的建立

任何一个社交平台，最关键的就是要打通用户关系。比如，与后来的微博、SNS相比，BBS的用户关系更薄弱，因此BBS跟不上趋势。一对一地建立好友关系需要付出较高的成本，一旦将用户聚拢在一个社群里，加好友的成本就会变得很低。为什么？因为人类是群居动物，骨子里都想认识更多的好友；大家坐在一起，随着友谊的加深，个人的戒备心就会逐渐降低。这是人性。

2. 知识付费社群的建立者需要担负一定的责任

很多知识付费社群是无头的群，即没有群主或群主平时几乎不露面。如果你是一个很有影响力的人，大家确实是你的粉丝也就罢了。既然建了，就要主动承担起责任，要么别建社群。群主是知识付费社群的灵魂，没有群头，社群必死无疑。

3. 知识付费社群不能为了建而建，先要明白具体目的

社群运营的所有工作最终都要落地，社群同样如此。比如，社群的主要建立目的是帮助大家更好地交流工作、安排工作、考核和公布结果等。如果建群只是为了让用户聊天、交流信息，干脆一个群都别建。

4. 群不在多，而在精

要想将知识付费社群做精，非常难，为了弥补精力上的不足，不能仅靠数量去弥补，更不能用战术上的勤奋来掩盖战略上的懒惰，一则成本高，二则分身乏术。必须通过不断的反省，努力朝着更精的方向去努力。

二、知识付费社群的价值主张

知识付费社群的价值主张主要体现为以下几点。

1. 同道

“道不同，不相为谋”，知识付费社群成立的核心就是把志同道合的人聚在一起，然后吸引忠诚、最相近的一批人，认同群主的想法。不是同道中人，生拉硬扯，毫无意义。知识付费社群表面上人很多，但不懂筛选和拒绝，最终只能解散。

2. 同好

爱好也有区分，有的是真爱好，有的是假爱好，有的是慕虚名。比如，有人喜欢喝酒，就可以将所有的酒友放在一起，大家天天来谈酒，真喜欢喝酒的人就会谈得很嗨、很深入。再如，有人喜欢玉，就可以将同好的人聚在群里，一起来玩玉……

3. 同利

没有同利，根本不会同心。何谓同利？就是能不能经营一件牛气又有价值的事，而这件事跟所有人都有关系。比如，有个社群叫“老林带你做生意”，群主的主旨就是带大家来赚钱做生意。刚开始时，群主收门徒，活动刚上线时，设了门槛，入会99999元，结果上线15天，竟然有300多人报名，把群主吓了一跳。群主无法管理300多人，只能精挑细选。

知识付费社群的领袖是什么？就是善于把别人的欲望拿出来进行管理、激活和变现。别人的欲望是什么？每个人都有很多欲望，只要将最迫切的欲望抓住即可。

◆全员自治，社群自运营

一、知识付费社群的全员自治

通常，知识付费社群都会有一个发起人，参与者或冲着发起人的魅力加入，或根据社群主旨加入。但是，加入后该如何进行管理？多数知识付费社群都是管理团队制定严格的制度，让群成员来遵守。该方式给成员的感觉就是：我加入了一个组织，被组织管理着，成员会慢慢淡化归属感。

知识付费社群的最高境界是全员自治，创建者的主要责任是搭建社群、营造社群的主题氛围、确定规则的大方向。之后，成员在社交活动中不断碰撞，最终形成统一的群体意志——一种被成员高度认同、全员执行的思维方式，有利于实现社群的自运营和自驱动。

简单来说，大家自觉遵守知识付费社群规则，不用管理员干预，就能正常开展社交活动，并能不断进化出新的规则，用来应对内外部的变化。

与自治对应的人治，就是通过少数（甚至一个人）运营者的人格魅力，采用暴力手段去维持社群的运作。这种管理方式，首先，部分群成员很容易变成社群管理者的追随者；其次，与群主意见不合，容易被踢出社群。过度依赖管理者，容易出现“群主少来几天，群就歪了”的现象。

当然，无论人治，还是自治，都有优劣。但是，移动互联网时代下的知识付费社群，理应是趋向自治，因为IT圈倡导“去中心化”，而E客大佬也会在维持移动互联网交流圈的发展过程中，潜移默化这个理念。那么，在运营过程中，要怎样合理地利用去中心化的自治和中心化的人治呢?

1. 前期

中心化的人治占主体。群主（管理员）要强势，要活跃，要深度主导、影响群里的活动。此外，还要营造氛围，制定规范，以身作则。

2. 中期

要将人治和自治结合起来。一方面，管理者要持续运营话题，营造氛围；另一方面，要鼓励成员参与互动。如果不好着手，可以用群成员擅长的内容来运营话题。

当然，去中心化的自治也不是什么高深的东西，因为管理者的学识水平和经历有限，管理过度中心化，最致命的结果就是，一旦中心化消失，整个知识付费社群就可能瘫痪。只有去中心化，才能提高全员的积极性，才能实现更多的参与和互动。

二、知识付费社群运营的维度

维度1：知识付费社群的精准定位

知识付费社群的精准定位，可以分为两种：一种是垂直细分定位，另一种是需求原理定位。

（1）垂直细分定位。垂直细分定位就是聚焦在某个垂直细分领域，如母婴社群、画画社群、律师社群、音乐社群等。建立知识付费社群，从自己或团队某个人的爱好入手，目标人群就会相对比较清晰，运营起来也会得心应手。可以试想一下：如果你是一位妈妈，建立了一个社群主打母婴品牌，每天写的内容可能是关于亲子教育的，可能是关于婴儿护理的，如果有人在网上看到你的文章，觉得你的内容对自己有用，一旦需要购买这方面产品时，就会优先考虑你这个社群。垂直细分定位，又能分为内容定位和地域定位。内容定位就是前面提到的宝妈社群、画画社群、读书社群等。地域定位就是本地化或乡镇的一些社群。总之，建立的社群，定位越垂直，后期会员的归属感就越强。

（2）需求原理定位。知识付费社群的需求原理定位可以分为产品资源型和知识服务型。产品资源型比较好理解，如今很多微商都是这类；而知识服务型就是你在某个领域比较擅长，就能将自己的技能拿出来做个分享。

维度2：知识付费社群框架的搭建

知识付费社群框架的搭建，重点在于以下几点：

（1）知识架构。知识付费社群意见领袖的知识架构一般都比较完善，支撑着整个社群的发展。但是，当团队化运作该社群的时候，团队成员对社区内容的理解、配合的默契度，就会直接影响社群的基因。

（2）核心的价值体系。价值观，很有可能是意见领袖，更多地强调了整个团队的价值观。有些人会说，我之所以要加入你的社群，是奔着你的人来的，而不是为了你的产品。其实，只要整个核心的价值体系能持续不断地输出，能给群成员创造一定的价值即可。

知识付费社群会员架构　“二八原则”告诉我们，在一个圈子里，必定有20%的积极会员去带动社群的整体氛围，去感染其他80%的会员。比如，小米社区，过去的社区精英已经直接走进小米公司了，变成了小米社区的明星。

（3）团队的监督机制。知识付费社群的监督机制，就是要在整个社区运营过程中，设置时间节点，匹配你的任务，提高任务完成度。可以使用的工具主要有两个：一个是番茄钟，另一个是奇妙清单。

维度3：知识付费社群吸粉

清晰用户画像，才能事半功倍。因此，要明确你的目标用户是谁，要看看他们的群体属性，比如，他到底是大学生还是职场人士？他在网上经常浏览什么……

（1）线上的媒体推广，依赖于内容和平台。首先，内容引流涵盖了文字创作、视频、音频和直播等内容。如果前期内容做得比较好，能够在各大平台上吸引到精准优质用户，该内容优势就会越发明显，差异化也会越突出。平台导流主要是指一些流量平台。从2015年开始，在碎片化信息的冲击下，大平台被小平台不断分散，小平台有了更多的机会。比如，千聊、简书等都是在大平台的基础上发展而来的。目前，各大自媒体平台的意见领袖也都纷纷投向了小平台，希望从小平台中寻找机会。知识产品化就是要把知识变现成一种可复制、可流水线的内容。因此，要了解用户的行为习惯，懂得行业市场竞争的战略方向；然后，用简洁的语言把它编辑出来，发布到各大自媒体平台，引起用户的共鸣。

（2）线下活动的引流，主要是活动和地推。利用线下的具体活动，通过赠送礼品、免费派发样品等活动，大范围地与用户建立联系，筛选出部分精准用户，看起来虽然有些笨拙，但地推引流永远都是最直接最有效的方法。

维度4：知识付费社群运营

知识付费社群的运营主要包括以下几点：

（1）品牌运营。品牌运营看重的是打造个人的品牌或团队的品牌，核心是应该先打造个人品牌，即意见领袖的个人品牌。品牌运营需要注意的就是去中心化，一方面，只要保证内容质量足够好，能不断地输出，就会得到自己的那一份；另一方面，知识付费社群运营不再以意见领袖为主导，需要团队化运作。

（2）内容运营。要持续不断地输出一些核心价值体系内容，其核心不在于你卖什么，而在于你卖的产品或知识可以解决一些实质性问题，让对方获得一些成长，或给对方一些好处。当然，内容运营一定要垂直。群主写的任何文章、视频、音频肯定不是给所有人看的，只要让你的那部分群体看到、看懂、认同你即可。

（3）用户运营。要对用户做分类，也就是说做用户画像，做分类运营，给用户提供超预期价值，做用户个性化服务。

维度 5：知识付费社群的商业变现

知识付费社群的商业变现主要体现在以下几个方面：

（1）品牌影响力。随着个人品牌影响力的扩大，有些同行机构或竞品机构肯定会邀请你去给他们做培训，做知识分享，这也是变现的一个重要内容。

（2）平台流量。以团队的形式开展一些业务收费，如资源技术、技能性培训；广告收入和自媒体平台的收益分成等。

（3）渠道电商。电商平台，类似淘宝、京东，用销售产品实现变现。

◆多些温度，多些人情味

相信很多人都会遇到这种情况：长时间没有冒泡的人突然莫名其妙地甩个链接，如某某同学任职公司的新产品内测或上线，求体验反馈。先甩个链接，然后潜水，很不负责任。对于这种温度的“广告”，一定要拒绝。

对于知识付费社群来说，一个很重要的原则就是情感。生硬地进行投放，没有感情基础，只会沦为笑话，所有的转发都是以情怀为基础的。依然是前面的例子，同样是新产品体验，如果补充一句：“关于××方向的新产品，内测或公测上线，可以抢先体验，如果不足，找我吐槽。”俏皮又不失礼貌，效果显然而得。

对于知识分享型的链接，更需要附上个人理解。这样，不但能够让别人更容易了解你传播的信息，还能提高自己对文章的理解力和表达力。

如何构建有温度的知识付费社群呢？通常要经过以下七个步骤。

第1步：重新定义目标用户群体

首先，对联系群体成员的纽带进行设计，如产品、内容和工具，知识付费社群必须以这些为载体作为入口。比如，小米的载体是手机，“大三湘”的载体是山茶油。随着消费额不断升级，以及移动互联网的推动，整个商业逻辑已经发生巨大的改变：过去是先有产品后有用户，现在是先有用户后有产品。因此，知识付费社群必须先重新定义目标用户，根据用户画像以最快的速度推出最小的可行产品，即MVP（最小可行性产品）。

那些曾经热火朝天的知识付费社群为什么今年销声匿迹了？因为情怀不宜久藏。归根结底就在于，实实在在地替用户解决了问题。产品是凝结群成员关系的媒介和群成员需求的解决方案，社群的调性、价值观标签固然可以把群成员快速圈起来，但产品不将大家的痛处抚平，标签就会陷入“然并卵”的窘境。

目前，正在崛起的中产阶级受到各大厂家的青睐，但是目标用户定位必须精准。目标用户定位明晰后，接着就是产品。在这个物品过剩、物欲横流、认知盈余的时代，产品功能已经远不能满足用户的诉求，必须肩负起用户展示自我以及与外界互动的使命，产品人格化的特征也会越来越明显。同时，还要具备“平民的价格、贵族的气质”，产品或服务要惊艳到让粉丝引以为傲、逢人就赞，主动分享和推荐，让用户有炫耀的资本和自传播的动力。

第2步：寻找100位KOL进行产品封测

无论是小米，还是其他产品型社群，其发展轨迹都需要从万千个潜在用户中筛选出100位KOL。这些KOL从哪里寻找？需要符合什么条件？第一批KOL，只能依靠创始人的人脉资源来定向邀请，或从垂直论坛找大咖和达人。这些人的名气不一定大，但在细分领域有绝对的话语权和影响力，还有一定的表达力。当然，能幽默风趣就再好不过。更重要的是，这些KOL的爱好都相同，喜欢分享，喜欢各种“晒”。

“道不同，不相为谋”，第一批进入者必须高度认可社群发起人，高度认可群文化和群目标。同时，愿意为社群付出金钱。

第3步：策划社群活动，强化身份认同

知识付费社群是志同道合者的聚集与连接，线下活动是保持社群生命力和活跃度最为重要的保障。人与人之间的连接，只有在高频互动中才能强化成员的连接，增加成员的归属感。

互动分为线上互动和线下互动。线上聊一百次都不如线下见一面，通过移动互联网的连接，很容易找到价值观相近的伙伴，不见面，彼此就很难产生信赖。

知识付费社群需要通过一系列的活动聚拢成员，强化成员关系，宣扬社群的核心价值，吸引新成员加入，同时不断地向外界宣告社群的存在。在信息泛滥的今天，一周看不到企业的消息，很容易就被人们遗忘。

为什么很多EMBA学员都喜欢参加玄奘之路？不仅在于活动本身能带给人们刻骨铭心的体验和人生感悟，最重要就是在一起徒步穿越戈壁途中人们会凝结成一种情谊。

第4步：构建极客文化体系，提升成员专业认知

文化是知识付费社群的灵魂，文化体系回答了构建知识付费社群的目的等问题——社群存在的价值是什么？知识付费社群文化体系至少要包括社群目标、价值观和社群公约，成员必须在一起做一些事，才能加深和固化彼此的感情。优秀知识付费社群的基础是让对的人在一起做对的事。这里“对的事”就是共同的目标或共同的任务。只有明确共同的任务、持续的活动，社群才能具备活力，才能实现可持续发展。

共同目标和价值观可以增加成员之间的情感连接，将社群中的弱关系升级为强关系；社群目标不仅可以激发人们的潜能，还能成功吸引新成员加入。

第 5 步：知识付费社群裂变，布局线下体验场景

知识付费社群的发展及壮大离不开裂变，而裂变的前提是社群已经形成一套成形的亚文化体系和运营机制。社群裂变并不是由社群领袖主导的，主要依赖于社群的核心成员。

知识付费社群场景化极大地增强了成员的仪式感和体验感。知识付费社群需要通过仪式来宣告它的存在，弘扬社群的价值主张。通过举行仪式，可以强化成员的共同价值观，增强成员间的凝聚力。

仪式感的塑造统一化和符号化，无论是语录体系，还是外在的衣着、行为，成员统一整齐的行动，都能带来心灵的震撼。

知识付费社群的价值在于运营。运营需要专业的执行团队，至少要承担四个职能：内容生产、活动策划、新媒体运营、客服等。

第 6 步：建章立制，健全知识付费社群的运营机制

知识付费社群能够变得更聪明，还是更愚蠢，主要取决于互动的时空环境与机制等，而不是互动这个动作本身。因此，要想让成员的连接与汇聚产生群体智慧，就要改善连接与汇聚的机制。

知识付费社群有自己共同的价值观和责任，只要全力构建社群规范，通过制度、层级和角色来区分成员，并通过权利和权益等的分配、干预和惩罚等影响社群的集体行动，就能提升社群的认同感和执行力。

为了激发成员的群体智慧和能量，就要制定评价标准和激励机制。知识付费社群不同于企业组织，不能单纯地依靠利益来驱动，还有很多其他成分，如人文情怀、使命追求、愿景等。因此，知识付费社群运营除了常规的利益奖惩外，还要有一套全新的运营机制。

游戏化升级思维的核心就是PK，充分利用了人性中的攀比心。对于评价机制来说，主要参照指标有两个：参与度和贡献值；而激励主要包括利益激励、荣誉激励和情感激励。

群体激励的几个关键因素有：①给出简单而清晰的目标，逐级实现。知识付费社群发展到一定阶段后，一定要将成员按照贡献度与影响力划分会员层级，不同的成员等级、权限也不同。②各人都清晰地知道自己的任务，并努力完成它。

第7步：设计“社群+”商业模式

任正非认为，华为的执行力得益于它是一个利益共同体。所以，要想让成员不断地为知识付费社群贡献价值，离不开商业利益的输出与供给，那么，知识付费社群的商业利益来自哪里？众所周知，在“互联网+”的背景下，知识付费社群不能简单地依靠卖货赚钱，必须跨界找到新的利润来源。

目前，市面上常见的四种变现方式为：第一卖广告位，第二卖产品（做电商），第三卖服务（收会费），第四股权众筹或产品众筹。前三种依然是把知识付费社群作为一个销售渠道或平台，但知识付费社群的价值如果仅用来销售商品，不亚于买椟还珠。那么，究竟该如何设计知识付费社群的商业模式？个人认为，社群的商业模式必须通过社群成就一个品牌，使社群品牌成为一种文化价值的承载物和表达体，然后通过品牌延伸来构建社群生态圈。

◆将线上线下形成完整闭环

互联网时代的到来，极大地改变了我们的生活，似乎什么事情都能在线上得到解决。朋友间见面少了，谈心少了，即使是一个百万级的合同，也能在不见面的情况下，立刻签订完成。

如今，我们正处于物极必反的节点，越来越多的人都在远离互联网和手机，去品尝生活最真实的味道。群成员可能更希望约线上朋友在线下见面，大家一起跑步，一起读书。

对于知识付费社群来说，线上是以价值观聚集的一批人，只有通过线下，才能把他们真正变为朋友，变成自己生活中的一部分，成为知识付费社群中的一部分。社群运营者要开展与主题相关的线下活动，丰富成员的体验，加深关系链的沉淀。

一、了解用户心理，实现用户和品牌的共同成长

任何一个知识付费社群的运营，都离不开基于KOL生产的内容和其背后的粉丝群体。可是，任何KOL的影响力都不是无边无际的，而普通知识付费社群的极限是几万到几十万。有些知识付费社群之所以能拥有超过700万的粉丝矩阵，关键在于用户和品牌的一起成长。

首先，要关注粉丝在成长中需要什么。如果粉丝没有觉察到自己的需求，知识付费社群就要将这种需求展示给用户。现在市面上很多产品

并不是刚需，是通过激发用户的认知，让用户认为自己在成长中很需要这件产品，而这也是知识付费社群应有的价值。

知识付费社群要根据用户关心较多的领域，生产出能够帮助用户成长提升的内容。在小社群的分享中，分享内容的嘉宾可以是外部邀请的，也可以是群内举荐的，还可以对客群中比较典型的人物做报道和采访，满足用户的心理需求。

二、引入优秀运营工具，打造生活“第三空间”

在知识付费社群运营中，要对自己有一个清晰的定位。

做知识付费社群运营之前，先要秉持一种利他思维。在知识付费的浪潮里，知识付费社群的愿景并不是流量变现，而是要做中国第一。而要想实现这个庞大的愿景，就要活用一些强大的知识付费社群运营工具。

以打卡功能为例。很多知识店铺都在使用打卡功能，但一些成效并不大，很多用户根本坚持不下来。一直维持极高的打卡率，秘诀就在于：并非简单设置一下功能，让用户打卡，然后撒手不管，而是通过用户对价值观的认同，引导大家主动去打卡。

通过各种激励和精神鼓舞，让用户意识到和一群人做这件事是有意义的。如此，不仅能让用户认同知识付费社群的价值观，也能逐渐认同自己在知识付费社群中的努力。其实，用户本身更深层的需求，并不是因为他们爱读书而打卡，而是因为喜欢这个组织，愿意通过每天打卡的仪式表达对知识付费社群的认同。

三、鼓励粉丝参与管理，共建社群运营体系

通常，品牌方并不是最了解粉丝的人，最了解粉丝的正是粉丝自

己，因此要尽可能地发动群众的力量，让所有人都参与进来。知识付费社群要重视粉丝的力量，所有粉丝也要积极投入社群的运营维护中。

不仅要培养核心老师，定期邀请的外部KOL导师，还要将整个大社群按城市、兴趣等划分出许多小社群，在各小社群中培养自己的中小量级意见领袖。

此外，知识付费社群在各个城市的分会都要设置相应的会长、管理员。他们都认同社群的价值观，了解粉丝对社群的需求，更想维护社群的运营。

总之，想要运营一个成功的庞大社群，仅靠品牌方远远不够，发动粉丝一起在社群中运营，是社群的一大法宝。

四、线上线下联动，多维度满足用户的需求

无论是线上还是线下，都要营造好的社群学习氛围，创造好的学习环境。但是，即使是再好的线下活动，也不可能保证100%全员参加。调查显示，65%的粉丝没有时间参加线下活动。他们在线上的求知欲非常强，都想源源不断地获得社群生产的内容。

作为内容生产者，最大的痛点就是如何更好地把内容传递给用户。知识付费社群拥有优质的内容，也有品牌认同感很强的社群，最需要将内容和渠道实现完美对接。

实现线上和线下完美衔接的另一大秘密武器是，完备的数据统计系统，销售量、点击量、课程转化率等指标，将这些数据和用户的需求互相印证，就能为知识付费社群制定出更有利于社群未来发展的策略。

◆齐心协力，才能发展壮大

在知识付费社群中，成员一般都有着相同的兴趣爱好，或地理位置相近。

社群有着悠久的发展历史，只不过原始社会时期出现的社群叫作部落，而基于血缘关系形成的氏族也仅仅是社群的一种表现形式。互联网时代的社群，典型代表是百度贴吧、论坛等；而随着移动互联网的发展，社群不断演化，出现了微博、微信等表现形式；2015年，社群又以一种新的形式进入人们的视野中，并引起各界的热议。

一、组成知识付费社群的动因

要想建立知识付费社群，首先就要知道组成社群的动因都有哪些？

1.相同的价值观

同一个知识付费社群里的人有着共同的兴趣爱好，同时会形成相同的价值观。知识付费社群，首先要对自己和同伴有信心；其次要相信微信是营销产品的有效渠道。只有成员有着相同的信念，才能齐心协力，获得发展。

2.共同的目标或纲领

人们都是抱着一定的目的加入知识付费社群的，而同一个社群里的成员也会形成共同的目标。社群管理者要将这些目标作为纲领，指引成员的发展。通常来说，只有成员的目标相同，才能聚集到一起，形成强大的社群凝聚力。

3. 高效率的协同工具

随着移动互联网的发展，微博、微信等依托移动互联网而存在的通信工具也出现在大众视野中，并为成员的协同工作提供了便利。

4. 共同的利益

共同的利益是激发成员工作积极性的有力保障。比如，在微商行业，总代理需要与伙伴有共同利益，各环节的代理人才会竭心尽力地经营产品或服务。

5. 大家一致行动

知识付费社群明确了共同的目标、利益后，接下来就是一致行动，努力实现目标，延长社群的生命周期。

6. 持续的互动关系

知识付费社群的总代理需要与合作伙伴保持互动沟通，加强彼此的联系。目前，做微知识社群的多是“90后”，而“90后”一代的自我意识比较明显，因此要想维护社群的稳定性，就要时刻与代理联系，了解他们的心情，关心他们的经营状况，从情感上打动他们。

7. 成员的归属感

社群管理者要让成员对社群产生感情，成员才会为了社群的发展而努力。为了增强成员的归属感，管理者可以为成员举办生日派对，节假日时与成员聚集在一起，或举办一些娱乐性、游戏性的活动等。

二、提高知识付费社群的参与感

为什么有的知识付费社群总能保持较高的活跃度？答案就是鼓励成

员参与社群生态。

只有在持续参与的过程中，成员之间才能产生新的化学反应，带来新的思维，创造新的玩法。而多数知识付费社群之所以没有成员参与讨论，其中一个原因就是门槛设置得过高，比如，早上六点半后发一段语音、读一首诗或一段英文，看起来容易参与，但时间却不合适，因为这个时间段很多人都在为了上班做准备；虽然找到一段英文或一首诗比较容易，但让用户对着手机读出来，就有些难度了。

要想提高知识付费社群的参与感，可以采用下面三种方法。

1. 降低活动门槛

同样是上面的例子，如果降低门槛改成今天路上看到太阳，就可以了。当然，活动参与门槛较低不等于要让大家积极参与活动，要尽量采用生活中类似的习惯且愿意互动的形式。除此之外，如果是中午，有哪些大家愿意参与且不会轻易玩腻的互动方法？比如，午餐照片，活动形式就非常好；而且，群众永远都能找到槽点，或明星八卦、自由分享等。只有降低知识付费社群参与讨论的门槛，成员才会乐于讨论，进而提高参与感。

2. 做好互动设计

好的知识付费社群，一般都有说不完的话；不好的社区里，运营方使尽浑身解数，大家也不会说话。那么，如何调动大多数人参与活动呢？首先，要做好积极引导，努力营造氛围。然后，积极回应。如果有人参与，但参与后没有得到任何回应，下次参与活动的积极性就会大受打击。发现平时不太说话的人说话了，就要让他意识到：在这个群里，他做的事情，有人会看；他讲的话，有人会认真听。最后，做好成员之间的激励。不管什么活动，对于表现突出的人，都要给予表扬和鼓励，让参与者变成组织者，带动更多的人参与进来，形成一个良性循环。

3. 选择互动形式

跟群成员互动的方式主要有以下几点：

（1）群联欢。让群成员一起联欢，如可以在群里约定一个时间唱歌，发表情包，自黑和互黑；还可以让用户发些个人表演的小视频，如同办了一场晚会。

（2）群表彰。看到自己为知识付费社群的贡献被认可，就能提高参与的热情。

（3）微访谈。组织群里的小部分成员对小有成就的人进行访谈，挖掘他们背后的人生故事，写成文字分享材料。这种访谈对象不一定是大咖，但可以让参与者产生独特的体验，提高对知识付费社群的认可度。

◆顺势而为，心急吃不了热豆腐

民间俗语“心急吃不了热豆腐”来源于一个典故，大意是说，如果没有一定的火候和时间，豆腐是很难熟透的。这句话用来比喻做事情不要着急，要认真地做好每一步，否则就无法取得令人满意的结果。耐心等待并掌握火候，豆腐才能熟透，再加一些佐料炖一炖，豆腐的味道也会十足。

知识付费社群需要长期发展，就不能心急，需要顺势而为。

一、提高执行力，坚持下去

知识付费社群运营是一个长期的过程，短期的知识付费社群就是在出售廉价的信任。虽然过程很漫长，但也会得到与之相等的收获。只要认真运营，总能在知识付费社群中得到自己想要的。知识付费社群运营，要随着社群的发展适当调整运营策略，通过互联网大数据创建对应的社群。这类知识性社群的成员一般都有共同的兴趣爱好，经过群员之间的互动，慢慢就会发展出其他的想法，进入社群的中期维护阶段，更要根据具体情况去改变运营的方向。

二、保持共同的价值观

规则是约束群员的规定，无规则的知识付费社群，会造成很大的流失，也不会发展长久。正所谓“国有国法，家有家规”，社群亦是如此。反复申明建立知识付费社群的目的和发展方向，把一大群人拉入群内，需要对群成员说明此群是干什么的。虽然写清楚了群名，社群管理者也要经常强调社群的发展方向。

三、积极开展线上线下活动

要聚集成员做线上线下活动，增加成员与成员、成员与社群的共鸣与联系；只有经常见面互动，人与人的感情才会越来越深。如同男女两人谈恋爱，长期处于异地恋，这段感情就很容易出现问题。同时，线上线上活动也能让企业更有生命力，吸引更多的用户参与其中。

四、具备KOL意见领袖

在知识付费社群中，意见领袖具有话语权，其发言可能比群主发言更实用，发挥着异常重要的作用。不同的用户人数基本比例为意见领袖占社群成员的5%，从业经验丰富的用户占20%，普通用户占75%。

五、明确产品和服务内容

运营知识付费社群和聚集流量都能为产品和服务打下用户基础，社群初建时都会确定一个目标，要么是产品，要么是服务。每个群员入群的时候，都需要明确这一点。

◆知识付费社群，成功原因有几何？

如今，在短短的一刹那间，知识付费社群如雨后春笋般遍地开花。××会、××圈、××社、××团、××帮、××学院、××俱乐部……为了应对变现越来越难的困境，众多媒体、自媒体开始转型，而知识付费社群便是一个简单又快捷的变现形式，成功者不乏其人。

李叫兽的“14天改变计划”，第一期共设置了500个名额，一经推出，便被抢购一空。每人交费799元，轻松入账399，500元。第二期价格为999元，仅用了短短9个小时，就销售了2000个名额……

由央视节目主持人樊登博士创立的樊登读书会，目前的会员不少于50万人。百度百科说，2017年6月全国范围内拥有500余家分会、11家海外分会，200多万正式付费会员，以平均每天5000人的速度递增，按照388元的会费计算……

这些年入百万、千万甚至上亿的知识付费社群，为我们树立了很好的榜样。只要认真分析这些成功的知识付费社群，就能发现以下一些特点。

一、目的比较明确

成功的知识付费社群都有清晰的自我定位，通过一个共同的核心价值将成员聚集起来。例如，美食、健身、育儿、理财、创业、读书等。共同的兴趣爱好，能够让群成员都有足够的兴趣进行讨论，增加大家在社群中的互动黏性。要想让一个人心甘情愿地花钱，就要给他们足够的回报。或让其结识志同道合的朋友，或让其一瞻行业大咖，或让其获得知识，或让其获得认同……在各类知识付费社群泛滥的今天，要想让用户付费，必须给他们一个充足的理由。

以“放下手机百日作战”社群为例，成员每年交纳66元入会费，坚持满100天，最初交的66元会如数退还；如果中途间断，就会被群主踢出群聊，且不再退还押金。如此，就能让人们戒掉放不下手机的毛病，摆脱手机重度依赖，给那些不愿在人生道路上偷懒的青年营造了一个抱团的场所。

二、掌握熟练的技术

身处信息爆炸、知识极大稀缺的年代，虽然每个人获取信息的方式异常便捷，但又被海量的信息淹没。正如36氪赵何娟所讲的那样：“新闻像空气一样越来越重要，但越来越不值钱，即不要指望大家为新闻付费。但是当空气污染到一定程度时，为了享受更净化的空气，也会有越来越多的人愿意购买口罩、净化器、绿化工程等。所以，要针对这部分人群提供特殊和专有的服务。”

李叫兽的“14天改变计划”便是这样一种知识付费社群，通过14天培训，能够让所有加入的“改变者”至少掌握一整套从0开始的营销方法。通过专业的内容，其在行业内的影响远不能用专业来形容。

三、线下不可忽视

美国心理学家亚伯拉罕·马斯洛将人类需求分为五个层次，分别是生理需求、安全需求、社交需求、尊重需求和自我实现需求。可是，随着移动互联网的快速发展，人们逐渐变成了手机的“奴隶”——不管什么事情，只要在线上就能得到解决；无论有什么需求，只要点击手机，就能快速到手……因此，知识付费社群的运营，必须将线下充分利用起来。

例如，群成员线下见面、聚餐、跑步、读书……对于知识付费社群来说，线上是以价值观聚集的一批人，只有通过线下，才能把他们真正变成朋友，变成自己生活中的一部分。加入知识付费社群，既能实现自己社交的目的，又能满足自我实现的需求，何乐而不为?

第4章

知识付费社群的日常管理与维护

◆知识付费社群的去中心化

一、知识付费社群的价值

移动互联网的出现改变了人们获取信息和社交的方式，带来了更多的新机会。大众时代的消失，小众和社群的崛起，让渠道、团队、产品等纷纷碎片化，流量越来越难找。面对碎片化的环境，新媒体、社群、意见领袖将形成新的流量入口。

社群经济不能贪大，要做精做深，重点在于互助和价值共享。只有不断注入价值、不断规范管理，社群才能不断持续下去，并形成骨干和深度成员，互相抱团。

过去，社交圈狭窄，一个人一生平均会与150人产生亲密关系，而如今的微信朋友圈却能超过5000人，如果有多个微信，还可以达到上万人，甚至上百万人，群友或多或少、或直接或间接地都能与你产生关系，社交频次也会大大提高。移动互联网彻底改变了信息传递和分享的模式。

知识付费社群的价值主要体现为能够将碎片收起来，把人圈住，建立自己的核心竞争力。仅做一款互联网产品，是无法跟BAT竞争的，但如果把数百人放在教室里，做些产品和服务的推广，BAT就没办法与你竞争了。这就是社群的价值！把碎片化收拾起来，可能性不太大，但足以养活你。

要想做成熟的知识付费社群，首先就要有号召力。如今，垂直用户越来越清晰，如医生、科学家、律师，每个领域都有一个圈子。圈子中都会出现一些意见领袖，当用户有疑问的时候，就可能参考他们的观点和意见。

二、知识付费社群的去中心化

在运营知识付费社群的过程中，社群运营的去中心化，可以从自然界的去中心化概念中得到启发。每个人都是品牌，都有七情六欲，都想找到存在感。所以，社群的去中心化，就是不搞“一言堂”，不是几个明星成员在发声，而是每个人都有发声的权利，彼此互动。每个人都觉得这是自己的精神家园，都愿意为自己贴上标签“我是……社群的”，且逢人就忍不住炫耀自己是某某社群的一员。这样的社群就比较成功。

知识付费社群的诞生，可能源于某个人，也可能源于某群人，众人因为某种“同好”，有意或无意发起了一个小众团体。后来，在有意或者无意的推动中，小众团队的成员可能越来越多，甚至遍布全国或全球。

任何优秀的知识付费社群，无论其“前世”是什么，要想在“今生”获得蓬勃发展，就要认真设计和优化。经过不断的优化，沉淀下来的就是知识付费社群的使命、文化、行为规范等。

具备互联网基因的知识付费社群文化，对“去中心化”和“中心化”的精细把握，既是艺术，也是技术。之所以说是“艺术”，是因为运营知识付费社群的是人，而人是复杂的，人的能力也是有差别的。没有愿意付出的、对知识付费社群死忠的人，社群就会缺少凝聚力，变成一盘散沙，最后烟消云散。忽视了“去中心化”，几个人在那里指手画脚，社群就容易死掉，伙伴会离你而去。

知识付费社群就是在“去中心化”和“中心化”的矛盾中、悖论中，不断向前发展的。做知识付费社群，都应该建立自己的付费群，不是为了赚钱，而是要体验具体过程和运营的魅力，从中学到的东西，总结出属于自己的方法论。在这个过程中，也能深刻了解到在社群上成交的逻辑和体会。

◆价值的高低取决于社群的活跃度

一、知识付费社群建立初期如何创造价值

1. 打造知识付费社群的价值

社群管理也是体现社群价值的一个重要部分，因此在社群初始阶段，要想打造社群的价值，就要对社群进行规范化管理。那么，知识付费社群在进行规范化管理成员时需要做些什么呢？

（1）修改群成员昵称，营造知识付费社群体现的价值氛围。比如，在实战社群，昵称规范都是以“实战社群—姓名—职位—地区”为标准的，需要大家按照规范修改昵称。实战社群的中心在于实操性，进群之后每个人都能体会到社群打造的重点。

（2）建立群规，明确知识付费社群的价值。为了明确社群提供的价值及服务，在大家进群之前，群管理员都会为大家发送群规。更重要的是，要规避一些与社群价值内容无关的内容。

群规里有标注，可以在群内分享与短视频相关的内容，但是不能打广告。如果需要打广告，也要提前与群主进行联系。与社群内容无关的内容，会影响到社群价值的打造，如果某个社群反复被打广告，就会降低用户体验，甚至退群，不利于社群价值的打造。

2.促进知识付费社群活跃

一旦知识付费社群里有了一定的用户，社群管理也会变得更加规范化。那么，如何才能促进社群活跃呢？除了提前准备话题进行引导外，还要努力提高社群活跃度，慢慢引导用户产出内容。

（1）进群发红包，促进活跃。要想让用户产出内容，首先就要关注到知识付费社群，慢慢引导知识付费社群用户愿意在你的社群中说话。这时，可以利用“发红包”来促进群内活跃，因为在初始阶段，知识付费社群提供的价值比较少，如果用户忽略你的社群，就会慢慢忽视甚至屏蔽掉你的社群。为了减少这种不健康的现象，首先就要采取一种方法，让用户关注到你的社群，之后再慢慢地打造社群价值。

（2）培养知识付费社群活跃人物，维护社群。培养知识付费社群活跃的方法，就是培养社群活跃人物，维护社群。这种方式，不仅能为知识付费社群输出新内容，还能为社群注入新的活力。比如，建立一个读书群，就可以寻找一些对书籍感兴趣的朋友，让他们作为社群的学习委员或小班长，让他们主动地活跃社群，还可以为大家进行一些书籍推荐。他们都是从用户的角度参与到社群中的，作为社群管理者，就要多留意细节，帮助群主提供服务，打造社群价值。

3.输出合适内容，提供初始价值

当知识付费社群价值具备了一定的基础后，就要想办法输出内容，提供初始价值。

（1）知识输出。了解到大家的需求后，如果想提供价值，就要在社群内提供课程服务，帮助更多想学习短视频内容的人进入该领域；同时，如果课程比较偏向实操，完全可以将栏目当作试验田，为大家布置课后作业。

（2）资源输出。用户进入知识付费社群后，不仅可以通过社群学到内容，还能获得人脉。学习的内容可以进行知识输出，而人脉就可以输出资源了。比如，建立了一个淘宝刷单群，互相进行刷单，或专门针对需要融资的公司创始人，建立一个投资人的群等。

4. 知识付费社群的名称确立

要想打造知识付费社群的价值，首先，要确定社群的具体发展方向，确立社群的名称，让人们对社群提供的价值有一个简单的认识。比如，社群是“考研交流群”，目的也就明确了。其次，要想打造知识付费社群的价值，要保证社群有用户，因此，在初始阶段要进行社群拉新。比如，想要建立考研交流群，就要邀请微信通信录里准备考研的同学加入你的社群，当成员达到20人左右的时候，就要做些线上活动或提供一些简单内容。比如，分享简单的考研资料，促建社群的活跃，维持社群的活跃度。

5. 确定话题讨论的时间点

当知识付费社群人数达到一定基数的时候，就要有节奏地去分享一些内容，主动地寻找社群可以分享的话题，提高社群的活跃度，主动促进社群的内容产出。

比如，建立一个短视频“群英会”。在产出内容阶段，就要提前准备好一周内关于“分享”的短视频。当然，选择这些话题的时候，要确认这些话题具有一定的探讨价值，每个人都愿意参与进去……所以，为了活跃话题，就要多准备一些参与性的活动，如以“剪辑视频时，用哪些剪辑软件”为话题，让用户一起来讨论，产出内容。

另外，发起话题讨论还要注意时间节点。发起话题的时间不可能在早上六七点，因为这个时间大家都在起床或走在工作的路上，没有心情参与。因此，时间以定在下午4~6点，在大家放松的时候，参与话题讨论。

二、知识付费社群成长阶段社群价值的打造

在你的知识付费社群中，用户是不断成长的，所以在不断地提供价值的同时，需要有效地挖掘用户的价值，这样才能形成良性循环。那么，在知识付费社群成长阶段如何打造社群的价值呢？

1.深入了解社群的用户需求

要想了解社群的用户需求，可以进行问卷调查，了解现阶段用户的状态以及简单需求。调查问卷收集到的结果很可能不太深入，因为部分用户可能不喜欢填写或填写得比较简单，这时就可以在调查问卷的基础上，与这部分用户进行私聊，深入了解他们的需求，了解他们在现阶段需要的服务。同时，在了解用户的过程中，还要考虑用户为社群输出哪些价值，更好地打造社群的价值。

2.知识付费社群成长阶段引导用户输出内容

（1）新人介绍。在知识付费社群的成长阶段，依然会遇到一个问题，如何去引导用户去输出内容？在一些知识付费社群中，可能分为好几组，类似于1群、2群等。在一个时间段内，如果有新人进入社群，在社群的某个固定时间内就需要做些简单的介绍。这种介绍的形式很简单，其目的也是为了使成员互相认识，分享自己遇到的与该社群价值有关的问题或经验，同时介绍的时间也是固定的。

（2）志愿者分享。志愿者的定义取决于社群用户的活跃度，如活跃用户能够带动气氛，领导大家一起讨论，就可能被定义为志愿者。当然，只有了解了用户的需求后，才能真正培养志愿者，进行真正意义上

的内容输出。同时，为了鼓励志愿者继续产出内容，社群也要设定一些福利政策，如社群志愿者可以免费参加官方组织的线下沙龙等。

3.进一步打造社群的价值

在引导用户开始输出内容之后，要针对这些内容进行价值打造。这时候，就可能整合志愿者分享的干货内容，主题比较好的志愿者还有机会被打造成个人IP，免费进行宣传推广，打造用户输出内容的价值，同时提高知识付费社群的价值。同时，社群进行宣传推广的时候，要展示社群出品人的相关栏目，为栏目进行二次宣传，增加栏目的曝光度。

◆社群用户运营的四个关键步骤

要想运营一个活的知识付费社群并不容易，如果还要进行变现转化，就更难了。因此，建立知识付费社群运营体系就显得十分必要了。

一、确定知识付费社群的目标，定义人群

明确了知识付费社群的定位和目标，接着就要想想：哪些可能是你的潜在客户？如何引起他们的关注并圈住这些人？

建立目标客户画像后，不要立刻就去寻找潜在客户，要先在各大搜索平台发布与之相关的话题、文章、教程、资源、视频分享、薪资待遇、发展前景等，把这些内容做成硬货和软文发布出来。当然，这个动作一定要在寻找目标客户之前做。

同时，发布内容的时候，要有选择性地寻找权重比较高、容易被收录的平台。一方面，因为一旦聚集了潜在客户，营销目的就会有落脚点；另一方面，这些平台内容需要花费一定的时间来沉淀。

客户刚开始了解和准备接纳一个新产品的时候，首先会从各个方面去了解该产品，社群就要提前做好准备。比如，引导客户的路径、发布内容引导用户进入、参加活动、获取联系方式等。

二、掌握方法，找到潜在客户

要想找到潜在客户，主要方法有以下几点。

1. 关注聚集方式

聚集方式就是准备把潜在客户圈到哪个平台，是QQ群，还是微信群，或其他平台？这一点，没有定论，要看最终目的和用户习惯。如果多数用户使用的都是QQ，为了提高后期转化率，就要将初步筛选都聚集在QQ群。

2. 选择合适的渠道

寻找渠道，当然是客户越集中越好。为了找到合适的客户，就要研究这群人经常在什么地方活跃、平常有什么习惯。

（1）QQ群。前两年，技术人员多聚集在QQ群，因为QQ群交流便利，传输文档方便，无须添加好友便可私聊。在技术人看来，这些优势是微信无法比拟的。因此，与技术相关的QQ群也就成了寻找潜在客户的主要渠道。

（2）牛人。如果讲师或公司有大咖的资源，也可以通过转发和推荐，进行扩散，聚集潜在客户和粉丝。

（3）微信。通过微信群引导用户裂变，可以在原有客户和粉丝的基础上，快速扩大人群，为下一步转化蓄能。

（4）第三方平台。寻找潜在客户时，要重视第三方平台或合作伙伴。将直播课放到腾讯公开课上，不仅可以获得比较大的曝光，还能借此收获一部分潜在客户和粉丝。

3. 明确触达方式

潜在客户就在那里，以何种方式出现？什么时候出现？什么方式快速引入知识付费社群？在运营拉新阶段，触达用户的方式和效率直接决定着后期的留存和转化。

（1）外部广告曝光。通过搜索引擎曝光，如在百度、知乎、技术论坛等发布文章。

（2）场景触达。在QQ群，谈论与之相关的话题时，要适时介入和引导。虽然可能要花费一些时间和精力，但想要与客户建立强关系，首先就要获得客户的信任。尤其是在后期经营客户时，更要以信任为前提。

（3）强制触达。这个可以理解成硬广告，或多或少都要发一些。

如今用户越来越敏感，采用粗放的方式，效果定然会越来越差，用户触达需要经过精心设计和思考，以不同渠道的配合，才能达到运营目的。

三、经营知识付费社群，快速筛选客户

加入知识付费社群的主要有四种人：第一种是真正想学习的；第二种是为了交朋友，凑热闹的；第三种是为了招聘招人的；第四种是专门用来打广告的。

在知识付费社群里，一般都存在这四种人，重要的是对这几种人的态度和规则定义。

第一种，真正想学习的人。需要重点跟踪，在必要的时候，可以通过私聊的方式了解对方对该产品和服务的想法。

第二种，交朋友、凑热闹的人。他们是活跃知识付费社群氛围不可或缺的角色，他们中的许多人已经是技术的先行者，是行业领袖，一旦跟他们建立了信任关系，他们的意见也会有利于服务和转化。在群里，

通过他们的发言和活跃情况，大概就能知道他们是什么样的人，就能与他们建立起一种比较深厚的关系。一旦这些人成了问题答疑解惑的志愿者、群管理员，还能免费提供一些技术公开课。

第三种，招聘的人。可以有发布招聘信息的行为，但每天只可以发一次。

第四种，专门打广告的人。需要坚决抵制这类人，只要发现了专门打广告的人，绝不留情。

群主跟群成员的关系如同在谈恋爱，需要经历一个从陌生到知道、了解、信任、相爱的过程。这个过程也是筛选客户和甄别客户的过程，开始建立知识付费社群时，如果用户很分散，就要想办法做好甄别和重塑。比如，做知识付费的社群，用户开始可能是奔着免费赠书等奖励来的，接下来就要甄别用户喜欢哪类内容、目前用户处于哪个层次……

四、知识付费社群用户转化为付费客户

QQ 群里的人是如何转化为付费客户的？转化的问题本身不是你用了哪些营销点，通过什么方式让潜在客户付费？前提是你的产品和服务能否满足目标客户的需求，这些服务点能否消除客户的疑虑、足够认可你的产品和服务？

◆知识付费社群的运营痛点与对策

一、知识付费社群存在的问题

一直以来，知识付费社群都是一个很火的话题，仔细研究市面上比较火热的互联网学习型组织就会发现，有些人社群运营得很糟糕，还出来教别人怎么玩社群，收费还挺高。概括起来，目前互联网学习型社群存在的问题主要有以下几点。

1.群成员之间信息不畅，沟通成本高

这几乎是所有知识付费社群存在的问题。如果社群采用“上海—无业游民—宝宝”等格式，信息根本就无法使彼此产生了解。在一个500人的社群中，只要跟每个人说一分钟，就得花费近十个小时，沟通效率很低。

2.运营缺乏体系化

有的知识付费社群活跃度之所以很高，是因为群主本身有点威望，且愿意花精力去打理。但是，当建立两个群、三个群、四个群的时候，群主就无法分身了。这时候，就需要招募一些志愿者进行社群管理，社群也就变味了。这些群管为了活跃而活跃，整天搞些无聊的事情，只是为了打发时间，社群早晚会倒掉。记住，如果想让一个社群形成一定规模，就要体系化，设定一套自运行、可复制的机制。

3. 缺少激励机制

优质的知识付费社群都离不开三个要素：好的激励制度、内容创造者、优质的群管理者。目前，基本上所有社群的内容创造者都是社群组织者，群成员输出的优质内容很少，根本转不起来。问题就在于，有没有设定激励制度。激励应该是实实在在的，不能是几句感谢的客套话。

4. 缺少高效的沟通方式

微信群聊天存在着一个很大的问题，就是无法进行深度交流。微信群聊天无法一下子把问题的场景、细节、诉求全部描述出来，大家就要不停地爬楼，理解对方的难度增大。如果对方没有养成追问细节的习惯，就容易对现有的内容断章取义；而如果追问细节，沟通起来又会没完没了。

这种沟通方式效率很低，缺少组织性，大伽就不会在这种群里活跃。牛人一般都追求效率，如果知识付费社群的沟通效率很低，他们自然也就不愿意在里面浪费时间了。知识付费社群里，只有闲人在里面闲扯。当然，我们也不是说牛人都讨厌在群里面聊天，如果群里有他们需要的内容，且不浪费太多时间，他们还是愿意在群内分享的。

有人可能是为了学习，才进圈子结识人脉的。那么，什么是人脉？肯定是有资源或有能力的人，跟你沟通熟悉后，觉得有合作可能，之后才能成为你的人脉。问题是，在一个大家谁都不了解又不活跃的知识付费社群里，如何去判断对方的角色？简单地发个寻人启事，根本就无法执行。

5. 以个人利益为中心，无法调动积极性

很多知识付费社群都在标榜自己是去中心化的，其实依然是为个人利益服务。比如，不让别人发广告，但自己可以发，道貌岸然地说自己发的是福利。有些大咖有很多粉丝，开设课程之后建立学习型社群，虽然学员对他满是敬意，但是别人也不一定就愿意花时间参与社群建设。

人都是自私的，既然是为了你的利益，又如何激发所有人建设社群的积极性呢？不要以为自己可以获得更多，最终导致的结果就是大家都不再活跃，归根结底还是格局不够。

二、线上学习型社群体系和操作步骤

要想确立线上学习型社群体系，可以从下面几个方面做起。

1.激励知识付费社群组织者

在一个知识付费社群里，不管个人多牛，只要社群不运作，也没有任何意义，所以群运营组织者至关重要。通常，知识付费社群都是由群主来组织的，也可以招募全职人员管理，甚至可以招募义工，不过这些方式都很难持续地对社群运营进行管理。社群运营本身是一个高技术的活儿，要想持续运作，需要从事很多工作，对于有工作的社群成员，社群不能抱有太多的指望。

理想的制度就是用钱来解决问题。当然，这笔钱并不是由群主出，完全可以采用众筹的方式来进行。高福利意味着高税收，共享经济不是免费经济，靠的不是牺牲和奉献。500人的知识付费社群，每人每个月只要交纳10元，每年就能得到6万元的社群运营管理费，足够养活全职员工。

群管采取轮值制度，让想参与的人员直接报名，按报名先后顺序进行轮值。6万元按周结算，每周就是1000多元，足够激励人们将工作做好，且不需要付出太多。

（1）群管工作职责。群管要负责从最初的需求开始整理，根据群成员资料库找到合适的人进行沟通，在不影响对方的情况下促使对方给出解决方案，且将解决方案具体化。然后，在每周一次的问题解答时间，做好活动预热，让大家踊跃参与。最后，将社群中产生的内容去除无效信息，整理成标准化文件，给全员共享，提高大家价值获取的效率。

（2）群管的KPI。给群管理员设置KPI，其主要指标就是参与回答的人数，以及内容质量。这种激励制度下足够让群管理员做好这件事。

2. 提高群员质量，吸引优秀人才

知识付费社群的核心价值在于，一是群友的质量，二是成员的分享主动性。知识付费社群初期，门槛的设定仅仅局限在费用；后期，为了不断地招募高质量的人，就得提供两种入群方式，如52制，即入群费用200元，当人数达到52个时，周奖励金额就变成200元。

这时，要搜集群内问题让其他圈子的人参与答题，并告诉对方：你可以随便挑一个问题来解决，解决问题并获得最佳方案，就能得到入群的奖励。到时候，就可以跟他分享所有的解答方案。如果不是最佳方案，就可以告诉他：入群的门槛是200元，你可以一起参与学习交流。

牛人一般都喜欢跟高手切磋，如果他的解答方案成为最佳方案，对于群成员来说，就是巨大的福利，获得奖励正好冲抵入群费用。如果没有获得最佳方案，因为知识付费社群里的牛人而认可社群的价值，他也会选择加入。

3. 迅速扩展群规模

知识付费社群管理制度及发起者的苦心经营决定着社群是否优秀，但是只有大咖才能让社群变得卓越。因为大咖可以一呼百应，而“屌丝”却需要一个个地慢慢说服。而且，知识付费社群发展到后期，大咖处于主导地位，是一个灵魂人物，可以镇得住场子，提高大家的凝聚力。

因此，在初期阶段要先寻找第一批种子用户，验证模式的可行性，然后努力说服大咖，让大咖参与主导。菜鸟永远都无法扛起这面大旗，要找准自己的位置，量力而行。即使是为别人作嫁衣，对自己也是最有利的，因为知识付费社群本身就应该是分享而不是占有。大咖很重要，但离开了大咖，社群本身也能具有自运行的能力。

要想扩展群规模，就要让所有人主动推荐，以吸引别人加入。如今，每个人都喊着要“去中心化”，但在如今的市场上，基本上所有的知识付费社群依然都在为自己服务。人都存在一定的自私心理，你在为自己服务，如何激发所有人建设社群的积极性？具体方法这里不再赘述，但值得各位思考。

4.共享信息，降低沟通成本

入群时，要让每个人填写详细的个人信息。个人信息的主要内容包括：职位、行业、个人发展路径；个人擅长领域，如渠道资源整合、策划、文案、交互设计、思维能力等；个人诉求，如跨界信息、解决工作中的问题、大家关注的热点、产品运营的技术问题、理念指导、求职、招聘等；这一步很多群主都在做，但基本上都没将这些信息共享，只是占为己有。

在社群运营初期，这些信息必须得共享，让大家彼此了解，找到正确的人去解决问题。具体共享的方式是种子用户阶段，信息完全共享；后期，随着群规模的扩大，忽略掉姓名和公司，由群主保管。如此，就能避免将名单泄露出去，不会造成人员流失，也不会造成隐私泄露，反而更容易吸引别人加入。

5.有效激励内容分享者

知识付费社群的文化就是人人都是老师，遇到问题，可以相互解决而不依赖大咖。当一个人抛出一个问题的时候，别人为什么要来解决这个问题，为什么要主动分享？仅靠奉献精神、虚荣心还不够，要设立一种激励制度。对于问题的解决方案以及分享者，每周可以评选一次最佳分享的前几名，给予物质和精神激励。

物质激励分为两种：群成员自发打赏和群基金固定打赏。群内要养成知识付费的理念，只要成员愿意分享，就可以做出奖励。群基金怎么来？取之于民，用之于民，比如，入群的时候每个人收200元会员费，500个人就10万元，分为5周花完，每周的奖励额度大约就是2000元，足够吸引大家参与其中。当然，物质奖励是基础，精神奖励以及其他附加价值奖励另说。不过一定要记住：物质激励永远只是手段，不是根本目的。

6. 知识付费社群价值延伸

知识付费社群运营成功后，可以产生很多附加价值。对于积极回答问题的人，就要做好信息记录，建立人才储备库。可以给他们提供资源对接的服务，他们需要什么就尽量满足，这也是社群必须由大咖主导的意义所在。

将人们的回答整理成档案，就能进一步进行人才招聘。传统的简历式招聘方式配上档案，就能帮助企业更好地招聘到合适的人才。最后，还可以将社群内的原创内容整理出书，提高社群的高度，在各章节标注内容的创造者，给予内容创造者一定的回报。

7. 建立高效的沟通制度

问题发起者要将自己的诉求、背景信息等详细地写在Word文档中，给大家充分的思考时间。可以采取多种形式，最重要的就是要把问题阐述清楚。解答问题的人把解答的方法及思路详细地写在Word文档中，放在群里。然后，由群管进行统一协调。大家可以针对比较完整的问题以及方案展开讨论，防止话题偏题，提高沟通效率。在话题讨论结束后，群管再将解决问题的过程进行提炼和整理，最后跟大家共享，以免大家为了看信息而不断地爬楼，浪费时间。

套路只是为了沟通更方便，千万不能变成教条的制度，一切都要以提高沟通效率、创造价值为根本目的。

◆做好知识付费社群的日常维护

你的知识付费社群是僵尸群吗？创建知识付费社群的门槛低，只要直接拉人进来，就能实现流量注入，等到人数多到一定程度，就能直接出售产品、进行产品宣传。

知识付费社群营销看起来似乎很简单，只要将人拉进去就可以产生交易，但事实却并非如此。站在用户的角度思考，自己微信中是否存在这样的微信群：从一进群就被群内各种各样的广告刷屏。为了避免这一现象，很多管理者会禁止群成员在群内发广告，但这样做，只能让微信群变为僵尸群，名存实亡。

那么，究竟如何才能维护一个知识付费社群呢？高质量的知识付费社群绝不能根据自己的心情来随意维护，社群的成功运营也有迹可循，可以从以下几个方面来做。

一、确立共同的目标

每个个体都具备不同的动机和需求，只有将个体与群体需求结合起来，整个知识付费社群才能良好地运行，因此需要将集体目标作为方向，必须确立一个共同的目标。确立了目标，每个人的活动都要围绕这个目标进行，这是很多社群为什么做不起来的主要原因。对于社群来说，持续的“运动”是保证社群生命力的根本要素，忽视了目标，社群便不可能有任何运动。

不同的企业运作知识付费社群，都有自己的目标。比如，有些企业内部创建的群、公司业务对接群，只发对接事宜，不能发布与企业无关的图片、文字或链接等，只能发布企业信息、组织活动的工具；有的企业则会专门设置社群运营人员，提高群内活跃度，保持企业与员工的沟通，社群也就成了维护企业与员工关系的平台。因此，建立社群时，要想清楚自己的目的：只想发布信息，还是为了实现人们之间的沟通？

二、给成员归属感

归属感又称为隶属感，是指个体与所属群体之间形成的一种内在联系，是某一个体对特殊群体及其从属关系的划定、认同和维系，它则是这种划定、认同和维系的心理表现。

缺少归属感，人们就会对自己从事的工作缺乏激情，缺少责任感；社交圈子狭窄，朋友不多；业余生活单调，缺乏兴趣爱好。因此，培养群成员对社群的认同感非常重要。认同感高，群成员才会主动付出和分享。一群素不相识的人聚在一起，想要维系知识付费社群，首先就要让普通成员“脱离普通”，产生稀缺感。

认同感，其实是知识付费社群运营的感情牌。如今人们都面对着极大的生活压力，如果某个社群能够让他们感受到温暖、激励和肯定，他们也就有了心灵归属。

三、提高个人价值

认同需要一个对象，互动需要一个理由，该理由就是由知识付费社群带给成员价值。价值可以是多样的，比如，在功能方面，价值可以是资源互换、共享利益、提高能力等。在精神层面上，提高群体归属感、满足群成员宣泄某种情绪等的情感需求。

当然，在知识付费社群提供整体价值的同时，成员自身也要拥有一定的价值。比如，拥有某些资源、是某个领域的达人等。成员的自身价值只要能提高社群的整体价值，就能吸引高质量的成员参加，形成正向循环。

四、发挥核心的作用

知识付费社群一定要有稳定的群体结构和群体意识。一个知识付费社群就像一个小集体，离不开规则的制定者和维护者。

知识付费社群中必须有核心，离开了这个核心，一大堆零碎部件就无法正常运转。核心所起到的作用就是指引方向，如果某个社群中成员只是闲聊，忽视了核心的带领和指挥，社群很容易就会变成一盘散沙。

要想拥有优秀的知识付费社群，最重要的还是管理者的用心经营。运营人员付出的努力，群成员完全能够感受到，只要群成员产生感情，就不会轻易离去。

第5章

推广知识付费社群的方法和步骤

◆构建打动人心的价值点

只有对自己有价值的内容，人们才会接受；只有有价值的社群，才能吸引更多的人参与。忽视了价值点，任何知识付费平台都会没落。

十点课堂是一种课程类产品，用户群体多数都是高学历、高收入的女性。从课程总数、课程类别、课程收入、课程价格、订阅数最高课程、订阅数最低课程六个方面，都有着打动人心的价值点。

（1）课程总数。进入十点课堂小程序，就能看到主推的几节新课，点击右侧“全部”，就能查看到所有课程。导流的“成长图书馆”虽然不收费，但作为一个百万级的流量入口，这是其他小号也无法匹敌的优势。而且，每月书单持续更新且品类均衡，小助手走心的留言也给用户增加了一分好感。

（2）课程类别。主页上对类别做的分类主要有：“职场”（17个单品）、“亲子教育”（12个单品）、“人文”（11个单品）、“女性”（10个单品）。四个类别下一共有50节课程，占总数的84.7%。其他在主页推送的有：“生活美学”条目，主要课程有手机摄影、手绘和整理，都是年轻人喜闻乐见的项目。

（3）课程收入。58节付费课总订阅人数约为208万，加上导流的“成长图书馆”100万用户，整个十点课程的用户就会超过300万，课程总收入为2.05亿元。

（4）课程价格。①199元定价。十点课堂的定价非常巧妙，在59个课程中，有54个定价为99元，与超市的9.9元、19.9元等策略类似，容易让用户产生“哎，这么好的课，才卖不到100元，赶紧买”的感觉，降低购买的决策成本。同时，下单时还能再次提醒用户：只要使用几杯买咖啡的钱，就能享受到某某名师的课程，很划算，继而提高转化率。②66元的定价。价格在66元的最具代表性的如蒋勋老师的中国文学。蒋勋老师的名声在外，很多用户都听过他的课程。文学比职场和育儿等都不是刚需，是特意给文艺青年准备的，相对小众，定价自然可以稍低一些，吸引更多喜欢蒋勋老师和对文学主题感兴趣的用户。③199元的定价。有一节心理课定价为199元，比常规的课程高出一倍，它就是联合10位心理学专家推出的《人生7年》。

价值点是指什么？价值点就是吸引成员加入知识付费社群的某个点。举几个例子：想要女友的男子、想变苗条的女子、想要健康的老人、想让孩子提高成绩的家长、想发财的人……只要抓住成员的心态，就可以为他们准备产品，提供个性化的知识付费社群。

一、知识付费社群如何打造价值

1. 从知识付费社群自身打造价值

知识付费社群要想打造自身价值，可以从下面几个方面做起：

（1）社群名称。第一，重视知识付费社群名称。为了搞个性化，有些知识付费社群会在社群名称里加一个大家都不认识的字，但这样做并不利于社群品牌的传播，因为多数人都不认识你的社群名称。所以，在给知识付费社群起名字的时候，一定要遵循三大原则：易记、易传播、忌生僻字。第二，社群名称要加上跟社群主题思想相对的名称，如对于一个学习PS软件的社群，如果社群名称是交友群，也就无法吸引到想学习PS的相关人员。第三，知识付费社群名称可以由与社群相关的灵魂人物命名，如罗振宇的“罗友会”、小米的“米粉会”等。

（2）社群logo。关于知识付费社群的logo，要重视分化性。一旦社群发展到一定的规模，开始做复制，可能在全国各个地方都要做分社群。因为聚集的本地资源不同，想要增加社群的本地属性，吸引更多的当地人员参与到社群中，就要考虑到社群logo的分化性。但是，风格要一致，可以加上一些由当地文化特征的元素作为标签。

（3）社群群规。对于群规，前面已经提到过，这里需要提到的是，群规中一定要标清楚成员能做哪些事、可以得到哪些内容、禁止哪些行为。

2.借助外部价值提升知识付费社群价值

要想借助外部的价值来提升社群的整体价值，可以从以下几个方面做起：

（1）吸引有才华的人加入。首先，要分析人才的加入动机。有的人可能是受到知识付费社群的帮助，用自己的力量反哺社群；有的人想要进行资源互换；有的人有很多资源或能力很强，希望通过社群连接更多的可能性；有的人求知欲很强，想要加入社群学习……为此，就要为不同的人有针对性地去提供这些内容，提高社群的黏性价值。

（2）打造知识付费社群品牌。要努力打造知识付费社群能量和品牌形象，曝光知识付费社群内容；要通过曝光团队的精神面貌、丰厚福利等，曝光一些闪光点，来降低大家对自己的认知成本。最后，要针对不同的用户群体，在社群内提供不同的激励制度。比如，群员在社群内输出有价值的内容，就可以给予一定的奖励，以激励大家。

3. 努力发展线下活动

当知识付费社群发展到一定程度时，就要组织成员参与线下活动。原因有两个：一是线下见面场景能使大家产生社群的真实感，促进彼此之间的情感交流；二是可以增加成员之间的黏性互动。针对社群的不同发展阶段，还可以在线上重点培养积极成员，利用线下的机会去深入沟通关于社群的问题，跟大家一起打造社群。

二、知识付费社群的推广矩阵

要想推广知识付费社群的矩阵，就要努力做好下面几个方面的工作。

1. 促进全员参与

在管理知识付费社群中很容易出现的一种情况，就是个别群成员非常活跃，多数人处于潜水状态。其实，要想打造社群的价值，并非只有个别人活跃就行。可以在社群内组织日常活动，但门槛不能设置太高，要为每个人都提供参与的机会。比如，提供一个话题讨论，引导成员去分享，如“您觉得短视频推广比较容易在哪个方向做起来”，以及鼓励群成员在社群中跟大家分享一下自己的短视频。

这两个话题的区别就在于，一个是大方向，另一个很具体，有可以讨论的点。还可以不断延伸到视频哪里搞笑、哪里可以改进等具体问题上，让群成员参与进来。记住，打造成员输出价值的时候，选择合适的话题很重要。

2. 稳定地产出内容，形成品牌

（1）让品牌有节奏地曝光。曝光方式一共有两种：①内容曝光。即对产品或内容进行适度曝光，比如，做短视频，如果想宣传自己的短视频品牌，就可以在各大短视频平台上申请账号，上传视频；还可以在各个社交平台上发布软文，或开展活动培训、线下沙龙；甚至出版书籍，告诉用户培训课程的知识点。②话题曝光。曝光各种或热点事件，曝光自己的品牌，打造知识付费社群的价值，形成品牌。

（2）修炼知识付费社群的品牌，持续进行内容生产。想要修炼社群的品牌，就需要有持续的内容产出，如果自己的能力有限，就要不断地吸引有才华的人进群，一起产出能量，持续不断地输出内容，打造社群的品牌。

◆打磨推介内容，做好内容推广

一、打磨推介内容

利用文章推广是最常用的、最好用的方法，最简单的推广方式就是利用语音或小视频，当然美女视频能提供更高的点击率。如果实力强，就可以将各种推广都用上。

1.持续建设知识付费社群团队

不管是任何商业和组织，最后拼的都是人才，当然社群也不例外。社群对人才的需求，不会因为服务方向的改变而改变，依然需要一定的时间积累，当社群人才储备比较完备时，就有机会去追逐更大的社群红利。

2.关注新技术和新工具

逆袭的力量来自新技术和新需求的产生，比如，联想逆袭IBM来源于个人计算机需求，索尼逆袭柯达来源于数码新技术，知识付费社群逆袭的力量在哪里？答案就是对于新技术和新工具的关注。

3.不断打磨产品和服务，促进知识付费社群价值增长

在“社群+行业”里，应该更多地关注后者。知识付费社群只是一个商业化工具，本身无法变成壁垒，真正的壁垒在于知识付费社群里提供的服务或产品。

4. 拥有优质的知识付费社群品牌

过去，之所以要建立品牌，是为了建立认知，比如，怕上火喝王老吉。今天，之所以要建立品牌，主要是为了与用户之间建立一种情感联系。

二、做好内容推广

要想推广内容，必然就要付出，但付出不一定能得到想要的结果；同样，推广需要资金和精力，无论推广方式是否免费，都要计算好投入产出比，描绘好用户画像，要根据需要把内容尽量推广给潜在的用户。

根据知识付费社群的目的、内容和形式的不同，可以采取不同的推广方式，常见的有以下几种。

1. 口碑推广

比如，对于一个打卡训练营的知识付费社群而言，如果口碑不错，学员就会主动地在自己的微信朋友圈里进行推广。但要想达到口碑宣传的目的，就要做好以下几点：打磨好自己的产品，让学员觉得这些内容是有价值的；做好服务，维护好关系；多与铁粉沟通，适当时候为铁粉提供帮助，增加铁粉的支持力。

2. 社群互推

各知识付费社群间可以互相在自己的圈子进行推广，扩大各自的力量。在知识付费社群经济里，一般都不忌讳竞争对手，更多的是互相学习、合作成全。互推的前提是，将自己的个人品牌经营好，为自己打造良好的业界口碑；同时，多参加活动，进入行业内的圈子，不断扩大自己的口碑和人脉圈。

3. 媒体推广

比如，通过经营微信公众号，产出有价值的内容，扩大自己的知识付费社群。目前，发展比较火的内容生产平台有知乎、微博、今日头条、大鱼号、百度百家号、知识星球；语言平台有千聊、互动吧、在行等。推广的重点是“多”，尽可能地多产出与内容相关的文章、音频和课程。

4. 在线课程

比如，如果你的社群是做女性代购的，就可以提供一些关于女性护肤的课程。在网易云课堂、腾讯平台、好好学习平台等，销售自己的课程。通过课程，让更多的人了解你。

三、内容推广方式

对于知识付费社群来说，只有规模达到一定程度，才能找到突破。如果想将内容推广到更多的人群，就不能囫囵吞枣、邯郸学步，下面介绍五个内容推广方法。

1. 平台联合

平台联合就是在不存在竞争的前提下，两个用户在同质的平台，采用同一种合作推广方式。比如，K12 教育平台和职业培训机构。在这里，K12 教育平台受教的是学生，付费的是家长；职业培训机构的目标人群则是成人或家长，这两个平台完全可以通过合作的方式实现双方资源的共享。

职业教育拥有庞大的成人用户，K12 攻占的正是成人用户，结果不仅孩子能学习，家长也能学习。平台联合与上下游整合的区别在于：前者是跨界而行，而后者则是处于同一条线上；前者的影响力能扩散到其他领域，为后面多样化发展奠定基础，而后者则能够深化行业，强化自己的行业地位。当然，无论前者还是后者，都能同步进行，本质上不存在冲突。

2. 名师公开课

要想真正让用户付费，就要从刚需入手。化妆品、衣服、书籍、充值卡……为什么不担心这些商品的销量？因为这类社群关注的重点一般是用户看不到，而非不购买的行为。无论是化妆品、衣服，还是书籍、充值卡，都是日常生活的必需品，都是一种刚需品。同理，知识付费平台课程同样也是一种刚需，不过找准用户的刚需点异常困难。例如，名师公开课就是一种用免费手段来吸引用户的方法。

如果知识付费平台从头到尾都是铜钱味道，用户自然就会越来越少。如果现在的平台依靠渠道推广缓慢，完全可以尝试一下免费公开课，一期一期做下来。比如，早期的知识付费平台多贝网，最早就是作为一个免费公开课平台出现的，邀请一些老师实时授课，平台负责推广，老师也会捎带推广。

3. 社交闭环

在移动互联网时代，作为知识付费社群，一味地依靠线下渠道，只能增加成本，缩小盈利。借用社群思维，用户就能变得最快、最好、最直接。知识付费社群运用社交手段的时候，要找出一条属于自己的社交闭环路径，可以用微博、微信、QQ群、平台、竞价等渠道形成一套完整的链条，而非单一的渠道。用户口碑的传播，比自吹自擂更可信。社交媒体运营推广，切记一句话：用户不只是用户，在社交闭环中，各渠道如何实现，要点在于执行力与策划能力。

4. 校企联盟

学校就是一个池塘，鱼在其中，知识付费平台应当采用灵活多变的方式接近目标用户。传统教育机构的获客渠道，要么与学校合作，要么学员都是学校的学生。知识付费平台为老师提供了更好的辅导环境，给学生提供了更好的学习场所，给企业培养了更好的学生质量，何乐而不为？

5. 软文推广

新闻软文营销，是网络品牌推广的利器。软文对于知识付费社群或品牌推广的重要性是大家有目共睹的，这是一种成本最低、效果最好的营销方式。

◆做好导流，完成转换

人与人之间的连接只有在互动中才能强化，才能增加成员的归属感。知识付费社群是一群志同道合的人的聚集与连接，之所以要开展线下活动，主要是为了保持知识付费社群的生命力和活跃度。借助移动互联网，就能找到价值观相近的伙伴，即使不见面，也能互相信赖。

知识付费社群要想真正落地，需要做好以下五个方面的内容。

一、免费导流

首先，要设计联系群体成员的纽带，不论是产品、内容，还是工具，知识付费社群都要有一个载体作为入口、产品、服务或解决方案。其次，允许大家对于陌生事物产生怀疑，为他们提供免费机会，他们就愿意看一看、试一试，就能进行导流。但是，采用免费模式，一定要货真价实，不能忽悠人。

二、初级转化

很多初级知识付费社群运营者都会犯一个大错，就是导流完成后直接卖产品。很多人加了微信群后却要退出来，这是为什么呢？因为广告太多，低级趣味的东西太泛滥，根本不想看。导流完成后，社群内部还没有建立信任感，这个时候不能直接卖产品，要先设置一个门槛低的、需要付费的产品，让他们去体验，看看大家付费的意愿。当这部分人进来后，就可以绑定他们的时间，让他们听你讲话、看你的群、消化你的内容，建立起深度连接，慢慢地他们就会认同你的产品了。

三、中级转化

中级转化就是中等消费品的提升，为了考察用户的参与意愿，就要提供一个拔高的产品。比如，原来的入门费是几十元，如今是几千元，如果他依然愿意参与进来，就说明该用户很高端，是你的目标用户。同时，能增强你的信心，知道自己运营的知识付费社群有了很好的信任感。

四、高级转化

通常，将产品直接推给用户，他是不会购买的。只有亲自体验过产品的厉害，并有消费能力，才会愿意购买价格高的产品。所以，要通过知识付费社群的运作和产品的阶梯型提升，分层次地把这类人筛选出来，针对他们进行精准营销。体验专业性的服务之前，他可能不会考虑购买产品，体验完了之后，优质的用户体验感受可能让用户觉得值得，这叫作价值前置。

五、利益分享

利益分享是非常重要的一个环节，要让每个参与者都能产生价值。有个做知识付费社群的，每天的收入有上万元，群主却连个办公室都没有，基本上都是带一台笔记本电脑全国到处跑，很多合作伙伴连面都没有见过。

知识付费社群要形成一个闭环，就要将好东西分享给那些愿意为你裂变的用户。如果对方喜欢钱，你就给他分钱；如果对方关心服务，你就给他送服务。也就是说，要通过定制裂变的规则，进行一次导流、成交转化，让整个圈子转动起来。

◆“线上 + 线下”推广渠道

知识付费社群运营是运营模块中用户运营的一块内容，与用户建议收集、问题解答、信息发布等用户运营的其他工作相比，知识付费社群运营就稍微有些复杂。因为这是一个即时反馈的双向工作，运营的每个举动都需要得到用户的实时反馈，如果反馈不多，就会变成死群；若反馈偏离方向，还会引发运营事故。

即使知识付费社群运营得不错，也无法摆脱群的生命周期。可以说能持久运营下去的社群，一般都会建立一套规则，该规则的建立需要时间和运营的不断引导和调整。

付费社群运营本身难度都较高，知识付费社群运营的难度就更高了。众所周知，产品里有“付费率”一说，比如，游戏的付费率约为1%，意思是说，在玩游戏的100个人中，会花钱玩游戏的只有1个人。同样，会花钱入群的用户比例也很低，这些人都很精明，对性价比、对投入产出都会做出自己的思考，要求也更高，知识付费社群就要努力满足这部分用户的需求，打造一个持续运营的知识付费社群。

只有创建了知识付费社群，将用户拉进来，才能开启真正的公测。对运营来讲，公测最大的问题是如何推广？如何提升留存？

一、线上广告

线上广告主要有以下几种。

1.搜索渠道

比如，百度有百度品专、百度华表、百度知心、百度阿拉丁、百度关键词、百度网盟、百度DSP、百度橱窗等。需要注意的是，这种渠道种类很多，关键词竞价操作难度极大，如果有专业的团队，才能取得好的效果。

2.联盟广告

比如，百度网盟、搜狗网盟、360网盟、谷歌网盟等。网盟便宜，效果一般，需要注意三个要素：素材、定向和出价。

3.导航广告

比如，hao123、360导航、搜狗导航、2345导航、UC导航等。虽然导航效果比较好，但好位置比较贵。

4.超级广告平台

比如，广点通、新浪扶翼、今日头条、陌陌、网易有道等。其中，广点通效果中等。

5.T类展示广告

比如，腾讯网、新浪网、网易网、凤凰网等。价格贵，效果要根据具体情况来确定。

二、媒体广告

媒体广告主要有以下几种。

1.电视广告

比如，央视、卫视，可以进行应用推广；还可以采用访谈、独家赞助、公益植入等方式。根据类型的不同，需要一定的品牌背书，需要塑造美誉度，价格越贵，流量越大；便宜的，往往是为了做内容背书。

2.报纸广告

比如，《人民日报》《南方周末》《南方都市报》等。报纸广告能覆盖到主流人群，有一定的品牌效益。

3.杂志广告

比如，汽车、财经、旅游杂志等。作用等同于报纸广告。

4.电台广告

比如，城市FM、音乐FM等。

三、户外广告

户外广告主要有以下几种。

1.分众广告

比如，分众传媒、巴士在线。分众传媒曝光度很强，烧钱必用。

2.地铁广告

比如，品牌列车、品牌冠名直达号、各类展示位。地铁广告曝光度强，有些地方地铁内有液晶屏，展示效果极好。

3.公交广告

比如，公交车身广告、公交站牌。公交广告曝光度不错。

4.其他

比如，火车站、飞机场、电影院、高速路牌、广场液晶屏等。这类广告具备极强的曝光度，有很好的分众效果。

四、社会化广告

社会化广告主要有以下几种。

1.微信

比如，公众大号、朋友圈、微信等。社群在微信朋友圈之后，也可以考虑用微信的其他功能进行推广合作。

2.微博

比如，微博大号、粉丝通、话题排行榜。创意很重要。

3.社群

各类社群组织。

五、APP广告

APP广告主要有以下几种。

1.应用市场

比如，360、百度、小米、华为、应用宝、VIVO、OPPO、金立、联想、三星等，是推广APP的重要渠道。

2.联盟广告

积分墙、返利联盟、移动广告平台，如AdWords、有米、多盟、亿玛、爱赚等。

3.预装

比如，手机厂商、分销厂商、芯片厂商等。

4.超级APP

比如，滴滴、Uber、美团、WIFI万能钥匙、美图秀秀、锁屏等，锁屏类的居多，效果一般。

◆巧妙使用方法，激发打赏心理

回答“如何刺激用户打赏”这个问题，实际上就是在回答：“如何让用户在可以不付费的情况下，选择主动付费？”其实，这种现象早在网红经济出现之前就出现了，如街边唱歌卖艺的，人们明明可以免费听，但人们依然要走上前去给一些钱。

问题：

人们为什么会给街头卖艺的人打赏，但不给微信公众号作者打赏？

同样是打赏，美国人为什么会给餐厅服务员小费，但是不给空姐小费？

在美国给餐厅服务员为什么有小费打赏，但在中国不给？

……

由此可见，打赏心理非常复杂。因此，只有懂得用户的打赏心理，才能更加了解消费者行为的本质。

研究发现，打赏为用户提供了多种独特的心理效用，而刺激打赏的关键就是激活这些心理效用。

一、激活“帮助心理”

打赏另一种重要的心理是提供帮助和支持——之所以会给街边卖艺的人打赏，一个重要的原因是觉得他们需要帮助。而这种帮助别人的行为，本身就会让我们更加快乐，更容易产生积极的心理体验。所以，只要能激活用户帮助别人的心理，就能刺激他们主动打赏。

如何激活用户的帮助心理？用一句话概括就是，让对方觉得自己在帮助他人改变的过程中，扮演了重要角色。

这句话共包括了以下三个因素：

（1）低地位。如果别人觉得你的社会地位、金钱显著低于他，更容易激活他的帮助心理，从而主动提供打赏。所以很多美女主播很有钱，仍然在看起来廉价的房间里直播，就是因为这个原因。

（2）为寻求的帮助提供意义。当别人觉得你寻求的帮助具有社会意义时，更容易激活他的帮助心理，主动打赏。典型的就是在产品众筹网站上，各种产品的1元支持——支付1元，但什么都得不到，相当于打赏了。

（3）让别人看到帮助后的效果。要想激活人们的帮助心理，要让帮助者觉得自己的帮助扮演了重要的角色。研究发现，人们一般都更愿意捐100元帮助一个儿童购买药品，而不愿意将同样的钱捐给某个大型慈善项目，因为后者的帮助根本就如泥牛入海，无处可寻。

二、激活感知社会习俗

为什么在美国要给餐厅服务员小费，而在中国却不给？很简单，因为在美国给服务员小费是一种默认的社会习俗，而在中国并不是。见面握手，给女士让路，不在公共场合大小便，并不是因为人们很高尚，而是为了遵守社会习俗。所以，刺激打赏的一个重要方法，就是让人们更多地觉得这是一种应该遵守的社会习俗。

目前，很多领域的打赏，比如，知识分享，并不是社会习俗的，怎么办？一个重要的方法就是，利用群体的力量。当然，群体力量要考虑

“渴望群体”和“拒绝群体”。

渴望群体是指你现在不属于但渴望属于的群体。比如，为了普及土豆，德国先禁止平民吃土豆，只让贵族吃，贵族就成了渴望群体，就能刺激大众开始渴望土豆，之后再推广给大众。

拒绝群体是指你现在属于但实际上是想要远离的群体。

依然是打赏，如果高端、先进、被知识分子尊重的社会群体是“渴望群体”，而普遍缺乏知识付费习惯的新进网民是“拒绝群体”，就可以让人们觉得“受尊重的社会群体都肯为知识主动付费，作为新进的网民，你呢？”然后，有些人就会为了证明自己不是“落后的新进网民”反而主动付费。

三、激活互惠心理

在接受别人给予的恩惠后，人们很容易产生“负债感”，从而投桃报李，这就是“互惠”心理。比如，在大街上直接让行人为某个公益项目捐款，选择捐款的人可能很少。但是，如果先送别人一包纸巾，然后让他们捐10元，相信多数人都会直接捐款。这里，一包5角钱的纸巾激活了人们的互惠心理，愿意捐款。

知识付费社群如果能够激活人们的互惠心理，同样也能获取更多的打赏。记住，打赏的本质是主动付费，而互惠是一种非常重要的主动付费动机。那么，如何激活人的互惠心理呢？一般有以下几种方法：

1.让人们产生较大的收获感

比如，提供科学的营销方法，帮助读者发现不科学的地方，产生收获感，刺激人们的互惠心理，进行打赏。

2.收获的实体化

人们一般都会高估实体化的价值，而低估虚拟商品的价值。比如，很多战略咨询公司提供真正有价值的解决方案，经常不被客户感知，只能将方案制作成数百页精美的报告或 PPT 并打印出来，提高感知价值。客户被精美报告背后的用心打动，即使里面多数都是废话，核心思想也很容易说完。

3. 提高感知成本

让用户觉得你是花费了巨大成本，他们就会产生“获得收益后产生的负债感”，这就是所谓的互惠心理。比如，“为了写这篇文章，我周末都没有陪家人。”“为了在网上陪你们，男朋友都离我而去。”

四、激活隐形的社会契约

西方人之所以喜欢打赏服务员，是因为他们都有这样的共识：服务员的固定收入非常少，单纯靠这点固定收入，是无法提高服务意识的。之所以还有这么多服务员，是因为小费本身就是他们重要的收入来源。之所以不打赏空姐，是因为他们知道，空姐提供服务，不是为了获取打赏，而是为了履行自己的职责。为了激励她们履行职责，航空公司已经给她们提供了足够的薪水，而这部分薪水已经包含在机票价格里。

可见，如果别人觉得你是以此为生，以此为重要的收入来源，就会主动提供打赏。否则，就无法激活这种心理。比如，向送快递的朋友咨询建议，人们一般不会想到付费；但找他帮忙取快递，一定会给钱。因此，为了刺激打赏，就要让人觉得你以写微信公众号为生，这是你的职业。

五、改变默认选项

在决定是否要打赏时，人们往往都是一刹那的决定，这时多数人都会根据默认选项来选择自己的行为："除非有必要的理由让我打赏，否则我默认不会打赏。"在这种决策环境下，只要改变用户的默认选项，即使其他不经过任何改变，都能取得显著效果。

调查发现，欧洲有个区比其他区的民众捐款多了 70%，因为该区的民众更加热心慈善吗？当然不是。而是因为该区域的用户调查表上的选项和别人不同：多数区域是让用户在"我决定捐款"选项上画钩；而该区域则是先帮用户印上"我决定捐款"，然后让不想捐款的人画叉。如此，就将用户的默认选项变成了"我决定捐款"，而不是"不捐款"，改变了人们的行为。

同样，在打赏问题上，也可以改变用户的默认选项。比如，如果跟用户说"给我打赏吧"，用户默认的选择题可能就是：到底要不要打赏？

六、激活外在自我形象

研究发现，当与朋友特别是异性朋友一起吃饭的时候，给小费的比例会显著上升。这是因为除了上面提过的"帮助心理""社会习俗"等，人们更想提高自我形象，这也是用户打赏获取的关键心理效用。

如果给小费的行为可以提升用户的自我形象，自然就会有更多的人给小费。所以，刺激打赏的另一个方法是让用户的打赏行为给其带来形象的提升和展示。

七、打赏行为的去货币化

用户对金钱的成本感知都非常高，只要能想办法让用户感觉直接付出的不是钱，就能降低用户的感知打赏成本，从而提高打赏。比如，为了打赏主播，斗鱼直播平台设置了鱼丸虚拟货币，用户只要每天坚持登录，就能领取一定的限额，也可以直接充值。如此，就降低了用户打赏对金钱的感知：一方面用鱼丸替代货币，人们就会觉得成本低了。另一方面，让用户通过努力来赚取部分鱼丸，进一步降低了鱼丸和金钱在心理上的关联性。所以，如果想提高打赏，就要想办法降低用户直接对货币的感觉，让打赏行为更多地去货币化。

八、创造未来预期

研究发现，人们在打赏餐厅服务员的时候，如果预期将来还会来这家餐厅，他们一般会主动给小费；如果预期将来不会再来这家餐厅，如旅行时偶尔路过，就会减少给小费。这是因为如果经常来这家餐厅，就会在潜意识担心：如果这次不给小费，下次餐厅服务员可能就不会这么积极主动提供服务了。

正是这种“预期服务质量”，让很多熟客付出了更多的小费。所以，只要让人们觉得他们的打赏会在长时间内不断地提升社群的内容质量，或没有打赏会降低内容质量，人们也会增加打赏的行为。

九、激活内在一致性

人们都喜欢在不同的场景下维持一致性的自我感觉，因为能够感觉到“不打赏”的行为同其他的某个行为不一致，从而刺激打赏。比如，很多在秀场走秀的美女，能收到的打赏成百上千，而微信公众号、知乎上那些辛苦写干货的大V们，仅仅被打赏几元钱，而且打赏的人数很少。

这种行为的不一致性，可以让人们感觉到：“你给美女打赏100元，但只给微信公众号打赏2元。”不一致性造成的外在压力会激发人们打赏的行为。

◆引导用户付费思维，轻松实现高营收

成熟的互联网时代，出现了一种新思维——付费思维。付费就是向别人获取专业知识时，向别人请教专业问题时，支付相应的费用。或者，别人愿意提供免费帮助，你付费，对方会更开心、更加毫无保留地帮助你，甚至超出预期地为你提供服务。同时，你也可以名正言顺且大胆地请教和麻烦别人。

一位情感公号的博主，在“情感咨询”的广告文案中写道：“如果您信任我，希望我拿出专门的时间为您提供情感咨询服务，请付费。”原因很简单，主要有以下两点：

第一，博主很忙，除了写作外，还要运营自己的公号，仅有的休息时间也要陪家人。时间就是生命，一天只有24小时，你要占用别人的时间，怎么好意思谈免费？

第二，前来咨询的人都将自己当成了“情绪垃圾桶”，不仅不会重视提供的建议，还被对方死缠烂打，没有底线。不需要付出任何代价，就不会珍惜自己得到的；只有付费，才会认可换回的价值。

付费就是为你的时间定价，为你的能力定价。每个人的能力不同，你付出时间为他人提供帮助的效果也就不同。但这样的付出，都是有价值的。

随着社群商业的发展，很多人看到了知识付费社群的巨大红利并开始投身其中，但有一个特别棘手的问题是多数人还沉浸在免费的春秋大

梦中，不愿意付费去享受高水平的服务。

如果用户的思维还没有打开，运营者踌躇满志，知识付费社群的搭建运营就无法推进。那么，如何才能让用户产生付费的欲望，并迫切地希望参与到付费的知识付费社群中呢？

一、寻找对知识有需求的用户

所有关于付费想法的产生都源于需求，当用户对于某件事物的需求到达一定程度后，就会想办法去满足该需求。人们一般都喜欢花钱平事，于是就产生了花钱去满足自己需求的思维惯性，所以要想让人们主动地加入知识付费社群，首先就得引导用户对自身需求有一个清晰的认知。

二、引导用户产生需求

如果你的知识付费社群是个提升外语水平的学习型社群，精准用户是对于外语有迫切需求的群体，要到哪里去寻找这个用户群体呢？不能主动寻找，因为任何人都不会向陌生人去诉说自己的愿望。要创造一个场景，让用户产生共振，说服他们参与其中。

例如，如果你的用户资源多数都是年轻白领，就可以向他们宣传跟他们身份相同的人因为英语水平出色而在事业上平步青云的成功案例，从而引起他们的兴趣。

三、对服务的过程进行拆解

当用户认识到自己需求的时候，怎样让他们在最短的时间内完成付费？要向用户罗列在他们花出这笔钱之后将会收获什么服务，以及服务结束后他们能够到达的高度，从而更好地促成这次购买行为。

◆影响用户为知识付费的因素有几个

在知识付费社群中，影响用户付费行为的因素主要表现为以下几点。

一、产品创作者的知名度

互联网时代下，能够对用户在线知识付费行为造成影响的因素有很多，知识产品创作者的知名度就是其中之一。

如今，网络上的知识产品越来越多，其质量却良莠不齐，虽然能按照不同类别对知识产品进行区分，但用户面对大量的知识产品，依然会感到无所适从，这时创作者的知名度就会直接影响到用户的选择。

例如，在网络文学领域，人们阅读网络小说时往往更愿意选择“猫腻”“方想”等知名作家的作品；在喜马拉雅APP的评书分类中，人们更喜欢单田芳、郭德纲等人的作品。由此可见，产品创作者在该领域的知名度或专业性、权威性，是用户选择知识产品时最重要的参考因素。

二、知识付费平台的知名度

与知识产品创作者的知名度类似，知识付费平台的知名度也会对用户的在线知识付费行为造成影响。对于用户来说，线上的知识付费不同于线下实体店消费，各个知识付费平台之间看上去并没有太大的差异，但是目前各领域知识付费平台的竞争却十分激烈，对于经验较少的用户来说，选择哪个知识付费平台进行知识消费往往取决于该平台的知名度与口碑。因为口碑好的社群往往意味着更好的产品质量与服务质量，自然也就能对用户产生更大的吸引力。

比如，网络文学领域。目前的网文平台非常多，如纵横、红袖添香、17K、创世等，但最知名的还是起点中文网，同时从用户群体和付费阅读量上来看，起点中文网也是一路领先，这很好地说明了知识付费平台知名度对于在线知识付费行为的影响。

三、知识付费平台的功能性

随着新媒体的不断发展，很多知识付费平台不仅能为用户提供各种各样的知识产品，还能提供社区互动等其他功能。例如，喜马拉雅APP不仅能提供各类音频产品，还具有个人电台功能，用户不仅可以关注、收听某个个人电台或与电台主播进行实时互动，还能注册成为个人电台主播。而对于多数知识付费平台来说，评论区的功能也是不可或缺。这种功能不仅能满足用户的多样化需求，也能吸引用户，并促使其进行在线知识付费行为。

四、知识产品消费体验

虽然多数线上知识产品属于一次性产品，但面对海量的线上知识产品，用户的在线知识付费行为从理论上来说并不是一次性的。只要知识付费平台或线上知识产品能够满足用户的多种需求，用户的消费行为自然就能持续下去，成为某个知识付费平台或某位创作者的忠实用户。

例如，在网络文学领域，“猫腻”“唐家三少”“辰东”等知名网文作家的付费读者，多数都存在“追更”行为，消费是持续性的，即使作者更换作品和平台，读者也会紧随其后，成为新平台的用户。不过需要注意的是，这些都是建立在用户拥有良好的消费体验这一前提下，一旦用户出现一次或多次糟糕的消费体验，或产品与平台无法满足用户的需求，付费行为就可能因此中断。

五、知识产品内容与质量

知识产品虽然不存在实体，其线上消费与线下消费也存在着很大的差异，但产品内容与质量对消费行为的影响依然是决定性的。从产品内容的角度来说，不同用户有着不同的兴趣爱好和职业等，其需求的知识产品自然也会存在较大差异，如果知识产品的内容对自己有价值，或自己比较感兴趣，用户就会愿意进行付费行为；反之，消费意愿就会大大减弱。

从产品质量上来看，当用户购买知识产品后，产品质量不仅会直接影响消费体验，还决定着产品能否满足自身需求。如果产品质量较好，用户的满意度较高，用户对同一平台、同一创作者或同一类型的产品就会拥有更强的消费意愿；产品的质量一旦出现问题，如小说可读性较差、音频存在杂音等，用户的知识付费行为就会受到很大影响。

六、知识产品的价格

对于商品来说，价格永远是决定消费者是否付费的重要因素，线上知识产品同样如此。平台知名度、产品质量、产品内容等只能影响用户的付费意愿，仅代表用户具备了付费的可能性，最终是否付费，还会受到个人的经济因素、产品价格的影响。

用户在购买知识产品时，通常会考虑价格的合理性和可接受度。合理性是指产品价格与实际价值是否匹配；可接受度则是指自己的经济能力能否承受这一价格，或价格是否符合自身心理预期。网络上盗版知识产品泛滥的今天，价格的影响显得更加关键。

第6章

付费社群经典案例剖析

◆ QQ 付费群：让社群运营者有了变现平台

什么是付费群？群主可以设定成员进群需支付的费用，群成员支付该费用后就能立刻入群，不需要群主或管理员的审核。付费入群功能的使用条件是，群成员支付的费用会在第二天转账到群主QQ钱包余额。

满足以下条件的群，群主可以设置为付费群：①群等级≥LV2；②群信用星级=5星；③群主QQ等级≥LV12。

1.查看成员付费加群的收入记录

群主或管理员可以登录手机QQ6.0及以上版本，按照下面程序查看成员付费的收入记录：进入群资料卡→（管理群）→（群主钱包）→查看成员付费加群的收入记录。

2.群主接收成员支付的加群费用

当天的群成员支付的加群费用，会在第二天12：00之前转入群主的QQ钱包余额中；如果因某些原因转账失败，就会在后一天再次进行转账。群主可以在财付通官网查询收入记录。

3.群成员如何加入付费群？

群成员加入付费群，需要经过下面的过程：

（1）群成员可以通过手机QQ6.0及以上版本，通过支付加群费用进行加群。

（2）被邀请加群的成员退群后，再次加群的成员，依然要支付入群费用，之后才能加入付费群。

（3）当群成为付费群时，群主无法恢复已删除的成员。

（4）由于版本兼容原因，使用手机QQ6.0以下版本、QQ Mac版、QQ国际版的成员，暂时无法加入付费群。

◆微信付费群：深度挖掘社群的潜在价值

随着社群经济的火热发展，社群发展越来越快，很多人的微信朋友圈里都有几个或者几十个微信群。这些微信群大多没有设置进群“门槛”，谁都能拉人进群，以至于成员形形色色。群内被灌水、刷屏、广告等信息充斥，甚至还会出现一言不合的群友，在群里开战，引发局面的混乱。那么，如何建立高质量的知识付费社群呢？只要设置进群“门槛”，筛选出精准的用户进群，就能避免出现混乱的群现象。

一、微信付费群的出现

微信付费群有着一定的筛选群成员的作用。付费群设置了进群的必要条件，要想进群，就要支付一定的费用，不是谁想进就能免费进群的。然而，微信官方并没有开发付费进群功能，进群宝率先研发出一款付费进群工具——建群助手。

建群助手是进群宝独创的一种微信加群方式，开启了知识付费社群运营的新模式，向群主支付加群费用，才能进群。运营者可以随时随地建立一个基于事件驱动的付费群，如课程或知识传播的资源群、收取讲授费用的培训群、户外运动活动群等。

二、微信付费群的优点

微信付费群不是证明价值而是筛选用户的一个门槛。没门槛的过滤，知识付费社群不具备价值，也就无法发现更大的潜在价值。

概括起来，微信付费群主要有以下几个好处。

1. 能够过滤广告

愿意花钱进来的大部分是精准用户，付费群能够保证微信群有精准的定位，筛选出高质量的群成员。因为只有定位精准，才能吸引有共同目标和爱好的人进群。

2. 减少退群率

一般花钱进来的用户都不会轻易退群，一旦愿意支付进群费用，就意味着这个群能满足他的需求，自然也就不会退群，不会出现违反群规的行为，只会想办法挖掘群内的价值，使微信群形成良性的生态循环。

3. 提供直接的社群变现模式

群成员的付费，能够帮助社群组织者获得价值回报，进而实现社群服务的升级，更专业、更专心地为群成员带来可持续的高价值，实现良性循环。

4. 为后期的社群营销奠定基础

付费群能够筛选出来的都是精准成员，群内发送的信息与社群成员的期望匹配度较高，有利于提高群成员的黏性，增加归属感，促进社群营销的进行。

三、微信付费群的收费

目前这个产品，在付费结束后，会把收入转入会员的个人微信账户，该群会在转入的总收入里面提点5%，作为知识付费社群的投入以及人员成本的费用。对于提现，只要会员结束任务，资金随时都可以提现到个人微信钱包。

微信付费群的建立，方法异常简单：首先关注微信公众号“进群宝社群”，然后填写微信付费群的主题及相关内容，接着发布群链接，由建群小助手自动拉人进群，不用人工操作，便捷高效。

◆知乎 Live 付费群：将知识变现进行到底

知乎Live是一个一对多的线上知识分享平台，分享者可以为自己的Live定价，从几十元至几百元不等。数据显示，自2016年5月17日上线至8月18日，知乎Live共进行了14个专题分类，平均每个专题举办了12场Live，各专题参与人数为4660人，每场Live的参与人数平均为350人，每场Live平均成交总额8800元，每场Live门票平均价格为27元。

其中，李开复一人的单场Live流水约有10万元。因为是文字直播，对话框和微信群聊界面类似，没有传统视频直播界面的送礼物等功能，所以知乎Live只要交一次费，之后不需再次交纳附加费。

用户观看一场Live的基本步骤为：选定Live——付款——提前进入Live留言（可省略）——进入Live参与讨论和互动——结束后进入Live回看（可省略）。

目前，知乎Live上共有14个分类，分别为生活方式，音乐、影视和游戏，艺术，体育，互联网，设计，科学技术，心理学，医学与健康，金融与经济，职业，教育，商业，法律。每个分类下都有不同的话题和主讲人，话题页面会有主讲人的身份信息和话题的简单介绍。

2017年1月12日，知乎完成D轮1亿美元融资，投资方为今日资本，跟投者有腾讯、搜狗、赛富、启明、创新工场等。该轮融资完成后，知乎的估值多达10亿美元。

一、知乎的中文付费产品

知乎的中文付费产品包括知乎Live、值乎及知乎书店。

1.知乎Live

知乎Live是知乎的核心产品，是知乎的实时问答互动产品。答主创建一个Live，会出现在关注者的信息流中，用户点击并支付票价（由答主设定）后，就能进入沟通群内，通过语音分享专业有趣的信息，通过即时互动提高信息交流效率。截至2017年1月，知乎共举办了2000多场Live，每场的语音平均时长为75分钟，200多万人次的用户参与了Live。

2.值乎

值乎是知乎的另一试验产品。目前，值乎已经发展到3.0版本，主要是语音回答，所有人都能付费收听，收听费由提问者和回答者平分。遇到个性化问题时，用户能够快速地通过“一对一付费资讯”获得答案。

3.知乎书店

2016年9月，知乎书店上线，上架了自己直接出品的电子书和合作出版机构的系列精选图书，并将图书的传播、购买、阅读、讨论和延伸阅读等环节连接在一起。知乎以书为节点，打通了作品、作者、话题的讨论。书不再孤立于单一的阅读场景，而是一个知识节点，为某个话题的讨论提供了更深和更高的阶梯。

二、知乎是社区型知识付费模式的代表

具体来说，知乎有以下几个特点。

1.社区属性一定程度上延缓了商业化进程

知识付费内容排列以生产者、中心内容偏向科普和共享，适合知识

浏览者及入门者，但在专业化的需求、筛选和搜索上体验不佳。知识生产者水平整体较高，但质量参差不齐，目前较少邀请外界热门IP，但随着知识付费战场日益激烈，未来情况依然无法确定。

2.知识内容丰富

知识内容丰富，不仅包括了所有类型的知识，以问题为主的知识生产方式还让知识生产具有极强的灵活性，适合非目标性的经验分享和知识入门。

用户对知识生产者的筛选过程，不仅依托于外在的标签和用户反馈，社区内部的评价也异常重要，但社区内部评价更容易受到其他因素的干扰。

3.在整体的知识领域中具有品牌优势

拥有大量沉淀的用户，知识生产者都具有高度的专业性和积极性，用户都尊重知识并具有付费意愿，拥有大量原生知识IP内容资源。

4.拥有完整的知识付费体系

目前，知乎已经建立了多种知识付费方式：问答及咨询（值乎）、授课（知乎Live及其专业课程）、出版（知乎书店）等。同时，知乎还具有丰富的线下活动经验和资源、更强的线下拓展潜力。

◆喜马拉雅付费群：用户随时随地听音乐

2016年6月，喜马拉雅开始推出付费音频——《好好说话》，正式进入知识付费领域。截至2016年年底，付费营收占比50%。

目前，喜马拉雅FM是国内发展最快、规模最大的在线移动音频分享平台，主要设置了马东、吴晓波、龚琳娜、华少、乐嘉等2000位知识网红和超过10000节付费课程，涵盖商业、外语、音乐、亲子、情感、有声书等16个类目；用户规模为3.3亿人，活跃用户日均收听时长为124分钟，平均每天的播放次数为9000万次。

喜马拉雅FM作为以媒体习惯切入的知识付费模式，具有如下特点：

（1）在知识付费领域，与音频相关的音乐、外语、情感等内容具有一定的品牌优势，在媒体渠道上占有较大的品牌优势，拥有大量形成收听习惯的潜在用户，付费内容是免费内容在一定程度上的延伸。

（2）初期产品，主要以音频授课式产品为主，用户购买后，不能直接实现互动。如今，在平台上主播中心已经上线社群功能，主播不仅能够与粉丝实现即时的良性互动，还能共同打磨课程。

（3）知识内容是综合性的，拥有商业、外语、音乐、亲子、情感、有声书等16个类目，共有2000位知识网红，设置了10000多节付费课程，将碎片化时间充分利用起来。缺点是缺少图文，无法呈现其他类型的知识。

（4）对知识生产者采取邀约制，将平台与付费主播进行深度绑定，提高了课程质量和用户体验。不仅吸引了与音频相关的IP，还出现了从平台成长起来的音频IP。

◆得到：知识生产者的主导型知识分享模式

得到为用户提供了最省时间的高效知识服务，由罗辑思维团队出品。设置的板块主要有“罗辑思维”第5季、大咖专栏、每天听本书、知识新闻随时听、有料干货。用户可以在这里学习知识、增长见识、扩展认知，终身成长。其中，大咖专栏包括罗振宇、李翔、李笑来、薛兆丰等专业人士的专栏；有料干货和知识新闻随时听，则将精品图书和每日新闻筛选加工为浓缩的信息干货提供给用户。

得到是知识生产者主导知识付费模式，具有如下特点：

（1）以业内著名人士为主要的知识生产者，在特定知识领域中具有较大的品牌优势。比如，财经、管理、亲子等作者集中地，以固定内容产品为主，用户可以在课后进行互动。内容上，类似于“专栏+笔记”的形式，具有浓重的个人风格，时效性强、启动速度快，但内容周期长，用户无法保持长期注意力。

（2）知识内容属于综合性，知识生产范围是围绕知识生产者的专长进行的，突出知识提供者的权威性与个人特质。不仅提供一手知识，还可以对内容进行加工、浓缩和整合，提倡“小而精”。

（3）知识生产水平高，IP作用比重大。但知识付费平台竞争激烈化后，未来能否对IP保持吸引力，还是个疑问。

（4）入驻高门槛，减少了用户的筛选成本，保证了用户体验。

◆分答：超市型知识付费模式

2016年6月分答公司获得2500万美元A轮投资，元璟资本、红杉资本中国基金领投，估值超1亿美元，2016年年底完成来自腾讯的A+轮投资，累计融资额超过2亿人民币。主要知识产品是“分答”和“在行”。在这里，我们主要说“分答”。

2016年团队推出“分答”，早期模式为：付费语音问答，答主在1分钟内答疑解惑，未付费用户只要支付1元就能收听回答。

2017年年初，“分答”推出了定位在轻课的“分答小讲”，用户能够系统性地了解某个场景知识点，构成实用性的知识图谱。单个小讲首月收入平均超过3万元，上线仅三个月，两个课程就营收40万元。

分答是知识超市型知识付费模式，具有如下特点：

（1）知识内容丰富但质量水平不一，在特定领域（如医学、科学）非常专业。强调实用性、交付性，用户更下沉，使得超级头部的持续活跃性较差。但平台早期问题普适性不足、碎片化，对希望系统学习的用户缺乏长期吸引力。

（2）知识生产者水平高。“分答”诞生初期，主要是吸引热门IP，打开市场，内容偏向娱乐化。目前，用户逐渐变得理性，“小讲”等新功能的推出，让“分答”的内容逐渐向实用型知识靠拢。

（3）在知识领域，具有一定品牌优势。其以特定的专业人士为价值中心，不仅为用户提供一系列知识产品，还为用户提供触手可及的帮助。

（4）相对完整的知识付费体系，目前依靠分答（问答）、分答小讲（授课）、在行（咨询），拥有了较为完整的知识付费体系。由于创立时间较早，在知识付费的特定领域拥有品牌优势。

（5）用户对知识生产者筛选过程，主要依据外在标签、用户反馈及知名度。

◆创客匠人付费群：在线教育传播的工具

一、创客匠人的产品内容

创客匠人是中国创业者精准拓客生态平台领航者，专做移动互联网在线教育和技术开发，为广大创业者提供便捷的在线学习、软件技术开发、融资路演、运营孵化、同城社交等。旗下产品有创客匠人学堂、讲师版拓客系统、企业版拓客系统等。

1. 创客匠人学堂

创客匠人学堂整合了全国众多行业大咖、企业家、知名讲师等，汇集了上千位优秀导师资源，以同城社群分享为主体，分享创业干货，进行创业辅导。内容涉及销售能力、团队管理、创业家修炼、传统转型、新媒体营销、微商专题等领域，满足了广大创客的需求。

2. 讲师版拓客系统

讲师版拓客系统专注为培训机构、讲师量身定制的拓客分销软件，帮助传统培训行业实现裂变式获取客户、服务客户、多次变现客户。将“线上+线下”结合起来，实现了互联网时代的完美转型。

3. 企业版拓客系统

企业版拓客系统帮助企业商家更快捷地获取潜在客户、建立销售渠道；拓客锁定佣金机制，激励销售热情；完善数据分析体系，高效管理代理商户，帮助商家实现移动电商产品全网营销。

经过几年的调研，创客匠人不断地进行自我创新与资源整合，打造了创造与拼搏的创客文化，传承了专注与分享的匠人精神。针对目前在线创业现状，创客匠人创造出了新模式，即专注于移动端，盈利模式清晰化、圈层化和互动化。

二、创客匠人引领知识付费新趋势

创客匠人引领着知识付费的新趋势，具体表现为以下几点。

1.从产品角度来看

只提供多样的课程形式并不稳固，可替代性也比较强，创客匠人为内容创业者提供了营销工具和服务运营，更好地扩大了品牌知名度。同时，结合线下模式，运用具体的运营策划方案，实现了服务的线上线下一体化。

2.从宏观角度来看

内容创业者的需求是得到用户并提升用户的平台活跃度，提高用户和平台的黏性。创客匠人能对所有用户进行数据分析，内容创业者可以为不同的用户推送不同的内容信息，并通过试听、试看、试体验等模式来吸引客户。

3.从本质上来看

创客匠人主要做的事情是提升内容创业者知识传播力度和品牌知名度，为更多的用户提供平台和内容。现阶段，与创客匠人合作的知识付费店铺已经有10万家，平台用户多达6000万人；不仅提供手机网页端的平台服务，还提供小程序、APP系统的搭建服务。

4.对于教育培训机构、讲师等内容创业者来说

微信公众号的开发是线上获取客户最佳的渠道，通过平台的宣传推广，可以促进用户的转化，缩短平台用户与平台内容之间的距离，提升粉丝转化率。此外，对于线下机构来说，既然微信提供了流量和入口，那么在微信生态内进行内容在线化之于开发新的APP和网站来说是一个经济选择。

5.内容建设工具是创客匠人的基础服务

在市场的不断推动下，创客匠人已经有了音频、视频、图文、社群和直播等形式。现阶段，平台课程类别已经满足了用户的多种需求，分类及专栏的完善给内容创业者提供了更细化的呈现方式，更能满足用户的个性化需求。

第7章

社群思维引领传统教育培训行业走向未来

◆移动互联时代，培训机构面临哪些困惑？

一、培训机构面临的困境

教育培训行业虽然是知识密集型产业，但门槛并不高。其实，开培训班并没有看起来的那么简单。近年来，培训机构的数量越来越多，竞争越来越激烈，实力不济、生源短缺的培训机构只能在夹缝中生存，惨淡经营，随时都可能被市场淘汰。那么，培训机构的问题究竟出在哪里?

1. 管理不当

如果培训机构管理不当，就容易陷入困境，主要表现在无法留住培训师。这里，主要涉及培训师的绩效管理和教学管理两个方面。如果这个问题处理不好，培训师就会缺少积极性，无心教学或跳槽，对教学效果和形象口碑造成负面影响，进而导致招生不力，影响培训机构的后续发展。

除了提高学员的学习成绩，培养良好的行为习惯外，还要重视安全管理，必须将安全工作落实到位。否则，一旦出现安全事故，培训机构就会造成巨大损失，甚至还可能一夜回到解放前。

“无规矩不成方圆”，缺少管理制度约束的培训机构就像一盘散沙，自然也就没有战斗力，谈何发展？用制度管人，比让人管人更有效。在培训师管理方面，培训机构要实行层层管理，将责任落实到实处，并实行绩效考核。根据具体的情况，可以适当设置管理岗位，如教务主任、招生办主任等，让他们管理日常的招生和教学工作。在学员管理方面，不仅要加强与学员的沟通，还要增强学员的自律意识，选择合适的学员来担任班干，协助培训师做好管理工作。

2. 盲目模仿

在如今的教育培训市场，同类的培训辅导课程总会在同一时间相继扎堆。前两年教育巨头纷纷开设“一元课”，中小机构也趋之如鹜，不考虑自身的实力与当地的市场行情，纷纷跟风仿效，最终都因为缺乏规模效应与资金支撑，只能得不偿失。

在从众心理的作用下，培训机构同质化十分严重，有的甚至连教学内容、管理模式都是生搬硬套来的，毫无特色，导致招生困难。学员看不到培训机构的卖点，自然也就没有了报名缴费的欲望。

3. 决策失误

决策至关重要，一着不慎可能满盘皆输，让培训机构陷入被动甚至惨败局面。对于培训机构来说，决策的失误主要表现在三个方面：选址、定位和用人。

（1）选址。没有进行市场调查，随心所欲地选择一处地方开班办学，之后发现并不合适。

（2）定位。培训机构的市场定位不明确，不明白自己的优势和特色，缺少卖点和针对性。因此，培训机构的市场定位要与自身的实力相符合。

（3）用人。校长不懂得知人善用，如让善于交际的培训师去讲课，让性格内向的人去招生。

为了保证决策的执行效果，培训机构要制定科学、民主的决策制度，对于重大决策，可以通过投票来决定。同时，校长也要加强学习，走出去和别人多交流，掌握行业的发展趋势，让决策更具科学性、前瞻性和准确性。

4.招生不力

有些培训机构招生不力，生源惨淡，运营收入无法支撑开支，影响了到培训机构的正常发展。招生不力一般有几个原因：①没有充分发挥招生人员的能动性；②服务质量或形象口碑欠佳，宣传策划缺少创意和效果。要想招到理想的人员，就要结合招生目标，制定合理的奖惩措施，最大限度地激励招生人员的积极性和能动性。同时，要根据学员的个性和接受能力，采用不同的教学方式，因材施教，切实提高教学质量，提升服务品质。

5.盲目扩张

有些培训机构盲目扩张，导致资金链条断裂，最后资不抵债，无法填补大坑而选择跑路。其中，最典型的莫过于星空琴行一夜倒闭的事件。

星空琴行成立后，相继获得了数千万美元的多轮融资，之后走上了盲目扩张的道路，门店及业务迅速扩张至全国多个城市。最后，星空琴行在D轮融资时出现了困难，由于公司发展速度过快，导致资金链条的断裂。

二、培训机构走出困境的建议

培训机构要想走出困境，可以采取以下几个建议。

1.确立完善的培训评估流程

（1）培训需求分析。培训需求分析是培训活动的第一步，需要管理者采用各种方法和技术，对组织成员的目标、知识、技能等进行鉴别和分析，确定是否需要培训。它是确定培训目标、设计培训计划的前提，也是培训评估的基础。同时，培训评估的结果是培训需求分析的一个输入，可以为培训需求分析提供有价值的反馈信息，对培训的相关环节做进一步改进。具体做法有以下几点：

首先，了解岗位信息，岗位的工作职责、工作内容、工作流程、知识技能、绩效考核指标等。理解培训机构的中长期发展规划及目标，将其细化到各工作岗位上，明确各部门、各岗位的要求。

其次，了解员工的具体信息，并将其与企业的要求结合起来，找出员工能力和要求的差距，这是培训的需求来源。

最后，工作要求的变化、顾客需求的变化以及企业人事的变化，升职、降职、前进后退、新老交替都会产生培训需求。

当然，对需求的界定，不仅需要管理层决定，还需要中下层的参与，因为员工最能切身感受到培训的需求。

（2）建立培训评估数据库。目前，培训效果的评估分为定量和定性两个方面，因此数据的收集也要从这两个方面入手。定量数据包括生产率、产品下线PPM值、利润、事故率、设备完好率、员工流动率等。定性数据包括内外部顾客满意度、士气、工作氛围、工作积极性等。在企业培训效果评估中，定量数据使用非常广泛，具有很强的说服力。

（3）确定培训评估目的。在培训项目实施之前，人力资源开发人员必须把培训评估的目的明确下来。同时，培训评估的目的也会影响数据收集的方法和所要收集数据的类型。

2.采取多样化的评估方式

培训机构的评估方式有多种，应采取即时评估、中期评估和长期评估。即时评估是在培训结束后进行的评估，中期评估和长期评估则是受训员工返回工作一段时间后的评估。

（1）及时反馈评估结果。要将培训评估结果及时地在企业内进行传递和沟通。培训评估报告应传递到如下人员：①受训员工，使他们了解培训的效果，以便在工作中进一步学习和改进；②受训员工的直接领导；③培训主管，他们负责培训项目的管理，并拥有员工人事聘用建议权；④组织管理层，他们可以决定培训项目的未来。培训评估报告传递后，重要的是采取相应的纠偏措施并不断跟踪。

（2）加强培训的沟通工作。培训方法也是对培训效果的有效保障。培训前，要与培训主管和同事进行沟通，了解培训期间需要完成的任务、受训员工在哪些方面不足并希望在本次培训中得到提高；研究本企业有关的问题，带着问题参与培训课程。在培训中，要尽可能多地与老师和学员进行讨论研究；培训后，要召开培训会，让员工进行汇报或讲课。

◆用社群思维提高培训机构的核心优势

传统的板书教学没有丰富的色彩，质感不强烈；是静止的，无法跳跃，客观上限制了人们联想思维能力的发挥。“互联网+教育”变被动学习为主动学习，弥补了这些不足，更容易激发学员的学习兴趣。

借助社群思维，培训行业更能凸显自己的核心优势。

一、空间优势

在线教育的全面发展，让学员可以直接在家里进行学习，降低了空间上的成本。例如，英语培训，平时人们都在外面工作，或在培训机构学习，空间上受到很大的限制，不利于教学进度的实施，而社群思维就能很好地弥补线下教育的缺点，人们只要有一台电脑、一部手机，就能在互联网上进行学习，不出门，就可以学遍天下。

二、时间优势

社群思维引入传统教育培训行业后，最大的优势就是支持课后重温，如果学员忘记了某个知识点，或听某节课分心了，都可以重新学习该课程，无论何时何地，只要想进行课后重温，立刻就能进行。知识付费社群的时间是宽泛的，没有时间限制，更有利于人们对自我时间的安排。

三、更容易掌控知识

随着焦虑的不断增强，人们需要的知识也变得越来越多，都想学到更多的东西，却又不知道到底哪些内容适合自己。这时，知识付费社群就更好地解决了这一问题。

知识付费社群的课程都是直接摆在人们面前，可以直接通过小程序、APP等相关工具进行听课，还能在线免费试听。其最大优点是先试着学习，觉得合适自己，再进行对其购买，与传统的线下教育相比，优势很明显。

四、其他优势

除了前面说的三大优势外，知识付费社群还有很多细节上的长处。例如，在费用问题上，可以设定基础、入门、深度学习等模式，对不同的人群进行不同的收费，减轻费用上的负担，提升学员的信任感。

◆用社群思维改变用户的学习习惯

面向未来的学习方式越来越需要从泛在学习、仿真学习、休闲学习等方面展开新型的个性化学习，基于互联网的计算思维和普适性的网络学习环境就此生成，社群思维越来越指向用户个性张扬、潜能释放、自由凸显和需求满足的时代价值。

在教育生态大变革的背景下，从学习的视角来审视社群思维对教育教学的影响，重新思考和定位学员学习方式的生成逻辑、价值形态等，既凸显了社群思维之于教育培训的现代意义，也顺应当下培训的前瞻性实践方向。

社群思维赋予了学员学习方式新的内涵和意蕴，使其表现出了不同于以往的新特征。因此，在“互联网+”时代，新的媒介、技术和工具将作为学习方式变革的重要载体，影响学习方式的整体系统，增强学习方式的文化内涵。

一、“互联网+”时代价值的外在促进

时代发展是教育发展的助推器，培训手段和学习方式的每一次变革与发展都是对时代发展的回应。

在“互联网+”时代，数字技术、云计算技术、互联网技术等新兴科技的快速发展已然成为改变人类社会生存空间的技术架构，催生了各

种各样的媒体形态。这些新技术不仅是现代社会传递信息和接收信息的媒介，更成为我们生产、生活、学习中的重要组成部分。

社群思维给我们带来了新的生活方式、思维方式、娱乐方式等，彰显出其独特而深刻的时代价值。而社群思维必然会引发培训教育领域的持续变革，促进新的培训形态和新的学习方式的生成。

如今，新兴技术已然成为信息时代基本的物质基础和社会条件，成为人类“新”学习方式产生发展的必要技术杠杆。因此，社群思维的外部驱动是“新”学习方式生成的外在逻辑，也是“互联网+”时代的必然要求。

学习方式是用户作用于学习客体，即学习的发动、运行和转换的机制和过程，由学习的主体、学习的客体以及学习中介三大要素共同作用，各要素的组合展现出用户对学习客体的能力、广度和深度。

从系统论的视角看，社群思维对学员学习方式的影响包括对用户、学习客体和学习中介的全方位影响，直接影响着构成学习方式整体系统的三大要素：

首先，社群思维有力地改变用户的思想观念、生活习惯和知识结构，拓宽了用户的视野、丰富了其实践经验，进而提高用户的学习能力；

其次，学习客体本身是一个非常宽泛且不固定的概念，会随着时代的更迭不断地更新，社群思维改变了学习客体的内容、形态、形式和性质；

最后，社群思维能够逐渐渗透到学习工具的环节中，为学习工具的更新换代提供必要的技术支撑和媒介载体。

二、学习方式价值主体的内在驱动

学习方式是由用户、学习客体和学习中介构成的完整系统，用户是学习方式系统构成要素中唯一的能动要素，是学习活动的发起者和承担者，是最主动、最活跃、最积极的要素。用一句话概括，学习方式是用户的活动方式，如果离开了用户的参与，就无所谓学习方式了。

学习方式变革实质上是用户在学习过程中的自我建构、自我调适、自我完善和自我实现的过程。用户作为学习方式的价值主体，其主体价值的实现、主体需求的满足、内在动力的驱动都是由学员“新”学习方式生成的内在逻辑。

“互联网+”时代，用户发生了突变，他们伴随着数字技术、网络技术而成长起来，受着潜移默化的影响，数字网络语言就是他们的“母语”，他们就是所谓的“网络原住民”。新的时代，用户已经不同于旧有的培训系统预设的那样，传统的教育方式、教育思想和教育内容已经无法适应数字原生代，他们的思维方式和处理信息的方式与“数字移民”有着本质的区别。

“数字移民”出生较早，在“互联网+”时代到来之前就已经完成了社会化过程，是数字化时代的后来者，需要努力学习，竭尽全力融入新媒体时代。新生代用户对传统的教育方式、学习方式有着本能的排斥，变革学习方式是他们的自然需求，生成新的学习方式是他们的内在诉求。因此，可以说，“新”学习方式的生成是互联网时代新一代用户需求满足、价值实现的体现。

三、新思维方式的全面引动

“互联网+”时代，学习方式变革的价值主要是通过思维方式的改变表现出来。

新时代表现在很多方面，如新的技术、新的工具、新的形式、新的生产生活方式，最重要的是新的思想和思维方式，这也是互联网带给学员最本质的影响。

思维方式是在一定历史条件和物质基础上形成的，是时代发展的产物，具有鲜明的时代特征。学习方式是学员的思想观念、行为选择和学习活动按一定的方法和程序表现出来的样态，其变革是思维方式变革的前提和必要条件。

“互联网+”时代，要培养基本的生存能力，就要先养成新型学习方式。这是“互联网+”时代思维方式之于学习方式的重要价值表征，也是社群思维生成的价值逻辑。而能否掌握社群思维就在于，立足于“互联网+”时代，不被时代所淘汰。

用户是学习方式的价值主体，学习方式的变革是用户自我建构、调适和完善的过程，其主体价值的实现是学习方式变革与发展的本义所在。只有确立了与时代发展相适应的社群思维，才能实现主体的自我建构、调适和完善，才能更好地实现主体价值。

“互联网+”时代带来的个性化、多元化、交互式、开放性、自由性、创新性等时代特征，深刻地影响着学员的思维方式，随着思想观念在学习领域的渗透，必然会引起学习方式的变革。

◆线上线下融合，培训机构才能走得更远

互联网时代，需要线上线下的融合。培训行业的发展同样如此！

2017年3月，“豆瓣时间”上线，通过积极与国内具有优质内容生产经验的机构合作，如活字文化、知更社区、看理想等，先后邀请北岛、白先勇、姚谦、叶嘉莹、七七等合作，确立了内容付费课程，包括诗歌、艺术、心理学、电影课、写作课等，客单价超过百元，累积付费用户多达20多万元。

优质的新课程，为豆瓣带来了数万新增用户。课程内容形式包括音频、视频、图文等。头部课程，如北岛等人主讲的诗歌课《醒来》、戴锦华主讲的电影课《52倍人生》等均销售收入过百万元，2017年全年知识付费产品营收在千万元以上。

在课程开发上，平均研发周期在3个月到半年，每个月上2门新课。豆瓣时间投入了众多的精力，即使是合作机构出品的课程，也由豆瓣团队的制作人全程管控，贯穿前期策划、课程大纲、内容结构化、制作、营销预热直到课程上线售卖。这些制作人多数都来自传统媒体、传统出版，有着丰富的内容制作发行经验。

2018年，豆瓣时间通过“系列主题线下活动”的形式，围绕“花、酒、书、影、画”等审美生活的各个方面，分别与国家大剧院、Rendez Vous书店、言几又书店、雕刻时光咖啡等展开了线下活动，把线上的

优质内容成功拓展到了线下场景。

自从知识付费火爆之后，培训行业也是线上线下两重天。一面是罗振宇、吴晓波等把“知识变成钱”；另一面是在线下教育培训机构正在遭遇行业滑铁卢，拓客难、转化难、成交难、转介绍难……

线上知识付费让线下培训机构看到了曙光，在知识付费红利下，线上知识对于线下培训机构来说简直就是久旱逢甘雨。将线下课程转成音频卖给老客户，重新录制音频卖给新客户，就能扩大客户的范围。

一、线下产品不能直接搬到线上

知识本身无法明确自己的价值，真正让知识价值释放出来的是传递者和传递方式。比如，罗辑思维、李翔、吴晓波等的成功，并不完全是因为内容付费，而是因为构建了圈子文化。

线上知识付费真正赚到钱的人，一般都有着极高的个人品牌。再加上自带流量与粉丝属性，盈利也就成了水到渠成的结果。知识付费真正赚到钱的都是这类人。

线下机构在线上并不具备知名度，更别说为知识加持，连圈层都很难形成。而在传递知识方面，线上、线下场景体验的差异性决定了知识交付的侧重点。线下课程重视体验和氛围的营造，而线上课程则需要密集的知识点，传统线下机构将系统化的三五天课程打碎重组到线上，就能将重点、难点、亮点突出，否则用户只能用关闭和差评来投票。

对众多培训机构来说，拓课难是行业第一痛点，如何借助线上广开源头是众多培训机构的梦想，线上知识付费最大且唯一的作用就是帮助线下拓展客源。

使用线上工具，只有无缝转化到线下，才能将线上的作用最大化，任何一端衔接不当，都会造成大量用户的流失。而要想转化到线下，则要依赖于用户分析、课程设计、报名活动系统、购买主张等。

二、培训从线下延伸到线上是行业的变革

随着互联网不断的发展，传统教育的不足和缺陷也逐渐显露出来，由培训师向学员群体授课，教学内容有限、地点有限、时间限制，极大地限制了教育事业的发展。

在线教育的诞生，让教育变得无处不在。与传统教育相比，它深刻地改变了以下几个问题。

1. 教导内容个性化，满足不同学员的需求

在线教育的优点之一是提供的课程可以多样化，不同学员可以根据自己的需求灵活选择。在线教育机构面向的是广大互联网用户，可以突破传统的限制，增设很多以前传统教育因成本问题而难以开展的教育项目，让学员汲取到多样化的知识，形成更系统的知识体系。培训机构不断完善自己的辅导体系，针对学员的实际情况，个性化地定制最适合的师资与辅导方案，为用户提供一对一的全程指导，就能达到辅导效果的最优化。

2. 更容易形成正向反馈，有利于学员巩固学习内容

在传统培训教育里，培训师的讲解是连续的、一次性的，如果一些学员没听懂或注意力不集中，就会错过重要的知识点。如果学员不主动问培训教师有关问题，培训师根本就不会知道学员有什么问题，也无法对学员的问题做出正向反馈。一对一在线辅导的一大亮点是可以在线录制上课视频，重复回放；可以让学员反复吸收知识。同时，一对一答疑也是深受学员欢迎的一个亮点，学员遇到不懂的问题，可以在课上、课

后随时问答，不用担心错过重要的知识点。

3. 突破了时间和空间的限制

传统教育是由培训师面向有限的学员授课，师资有限，教学地点和教学持续的时间也有很大的限制。而在线教育突破了时间和空间的限制，任何学员只要有联网设备，就能无处不在地学到自己想学习的内容。国内一些知名的教育机构，如新东方、思乎教育等就借助互联网快速传播学习课程，帮助学子实现随时随地都能学习。

◆共享经济 + 培训机构，情形将如何

当培训机构遇上共享经济，会撞击出怎样的火花?

优胜教育（以下简称“优胜”）开启培训行业的共享先河，在教育领域开展了类似的共享课程，为全国亿万家庭提供优质的个性化教育服务，帮助更多的学员解决了学习中遇到的问题。

在服务范围上，“优胜”共享课程坚持贯彻“共享”的概念，覆盖了小初高所有年级段的全科文化课程，能够帮助每一个学员提高文化课成绩，减轻课业负担，轻松应考。同时，匹配输出公共课、素养课程，能够全方位提升孩子的学习能力和创造力、逻辑思维力。

在报名费方面，“优胜”共享课程全程只收10元材料费和场地费，实现了“每个孩子都上得起的补习班”的“共享”理念。

为了提高教学质量，“优胜”投入了大量的优胜金牌教师，进行课程体系的研发、培训，确保每堂共享课程的教学质量，每个学员都能享受到一对一的VIP教学服务，感受到共享课程带来的便利与效果。

一对一固定外教模式高效匹配了外教培训师与学员，平台技术的先进则大大提高了学习效率，优胜教育将共享经济精准地覆盖用户的需求，使不同需求的用户在优胜教育平台上找到了自己喜欢的、想要的产品与服务。

信息技术高度发展和互联网时代的到来，使知识成为一种可自由获

得的生产资料，强化了用户的主体性。合作共赢下的责任共担，教育必须确立新型的内容和评价体系。

教育回归本身，就是要把学员教育好、组织形成好、培训师发展好。通过共享教育的尝试和探索，整合各种资源，找到适合自身教育发展的路径。在不断地探索与改革中，把这条路走得更好、更顺畅。

共享教育具有以下三大特点。

1. 教育资源的共享和课程开发

共建共享教育集群的教育资源，打造集群数字化平台，满足多样化的教育需求。

2. 治理体系的现代化

建立共享教育的代表大会、理事会、监事会、调解委员会等，建立现代教育生态治理体系。

3. 建立扁平化的治理结构，确保决策的公平和高效

共享教育致力于构建和谐的教育生态系统，贴近学生学习需求，深化教育改革，促进教育公平，提高国民素质。

第8章

知识付费社群的未来展望

◆互联时代，知识付费平台发展更完善

随着知识付费平台内容的逐渐增多，知识付费平台的筛选、评价及推荐机制必然会更完善。

一、知识付费平台的问题

目前，知识付费平台存在的问题主要有以下几点。

1. 政策监管问题

社会管理制度建立在工业经济基础之上，看重的是集权、层级管理、区域与条块分割，注重事前审批和准入。知识付费平台依托于互联网，具有跨区域、跨行业的特征，且信息量巨大，直接造成了监管的灰色地带。因此，必须分权，将权力不断下放，减少事前审批，加强事后的追责力度。

2. 诚信问题

目前，用户对P2P平台缺少信任，人们一般都不愿意相信陌生人，消费者的热情更多地来自平台提供的价格优势、便利程度和人性化服务。对于以虚拟的知识内容为产品形态的知识付费来说，信任问题一直以来都是制约行业发展的重要“瓶颈”。

3. 盗版问题

盗版问题一直都存在，在互联网环境中更是如此。分享经济强调的是“不求所有，只求所用”，进一步加剧了盗版行为的泛滥；面对碎片化的文化资源，知识产权的保护更加困难，必须进一步完善严格的知识产权法律法规。

4. 知识付费问题

知识付费带来很多问题，如新旧制度和伦理的反思、精英专业文化与大众文化的冲突等。知识付费让人们成了“文化”的“代言人”，大大削弱了文化的专有属性，甚至打破了文化传统，产生了各种网络词汇。

5. 赢利模式的问题

作为一种新的经济形态，分享经济的赢利模式还不太明确。不同于传统行业，分享集群效应的聚集难度较大，该商业模式的普及需要很高的成本投入，而获得收益的方式一般都比较单一。

二、知识付费平台运营的困境

如今，知识付费平台运营出现的困境主要体现在以下几点。

1. 发展模式后劲不足

如今，付费问答基本上都是UGC（User Generated Content，即用户生成内容）模式，市场上的付费问答产品，内容生产方都没有进行有效的评估，即作为商品销售给消费者，付费后觉得满意，就将钱支付给作者；不满意，就将钱归还给官方。用户权益得不到保障，直接导致的后果就是知识付费后劲不足。

2. 赢利模式不丰富

从商业模式上看，无论是UGC平台，还是PGC平台，赢利途径都比较单一，都要依靠一次性的知识售卖赢利。要想在商业模式上做得较好，不仅要依托产业化比较成熟的电子书市场，邀请大咖开设专栏售卖知识服务，还要充分利用线下公开课、实物售卖等赢利手段。

3. 平台型企业一家独大

目前，知识付费市场还未细分，用户需求还未完全挖掘，平台型企业一家独大。比如，分答、值乎等问答软件的UGC内容都只有60秒，而PGC等内容则约为10分钟。总体来说，知识付费还处于发展初期。

三、知识付费行业的发展趋势

目前，知识付费还处在发展的初期阶段，其未来的发展趋势主要集中在商业模式的突破和用户的深挖。具体来说，主要体现在以下几个方面。

1.从本质上来说，知识付费就是分享经济

知识付费的商业模式除了优质的内容外，还有分享体验，而后者也是知识付费核心的商业价值。目前，知识付费的商业模式主要集中在内容的争夺上，未来知识付费的发展，更加依赖社交性和分享的匹配。

2.知识付费供给内容的“头部化”和系统化

未来，UGC的所占比重必然会越来越高，内容也会更有针对性和连续性。初期，为了迎合受众碎片化的需求，知识付费PGC的内容生产多数都处于碎片化状态，完全不利于受众的系统学习。

3.用户信用体系、知识评价系统进一步完善，平台操作更规范化

知识付费是一种虚拟经济，交易前无法查验，知识的真假和水平直接影响着用户的消费意愿。

从受众上看，目前的知识付费用户画像基本上都是20~30岁的年轻人。随着行业的不断发展，受众面必然会得到扩展，市场格局也会沿着垂直领域发展，即会出现针对特定细分领域的知识付费平台。

从内容上看，知识付费与在线教育融合。传统内容与现代形式的结合，为在线教育提供了新的、更高效的方案。

从内容展示形式上看，音、视频与图文多元发展。随着市场的不断开拓，单一的音、视频或图文已经无法满足受众的需求，音、视频与图文必然会呈现出多元化发展的态势。

◆平台方争夺优质IP成为主要的战场

内容头部趋势是知识付费领域的关键问题。知识较娱乐、资讯等相比起来，大IP瓜分流量的情况必然会比传统内容更快出现，平台方争夺优质IP也会成为未来知识付费领域的主要战场。

一、树立一面旗帜

在价值观层面，知识付费社群必须有一面旗帜，就是为知识付费社群设定一个主题。该主题可大可小，只要能将同道中人聚集在一起即可。常见的主题，如“我们是一群玩户外的人”“我们是美食爱好者”“我们是苦逼的创业者”“我们是一群上进的财务工作者”“我们是一群优雅的码农”等。

确定了这面旗帜，把它树立到众人能够看到的地方，昭告天下，就能将成员吸引过来。

二、打造一个故事

一个知识付费社群就是一个小的文明发展单元，如同世界上的所有文明一样，需要用故事来凝聚人心，确立归属感。参照文明史，知识付费社群故事可以包含如下内容：创世故事、传奇人物、危机事件、经典桥段、儿女情长、江湖大事等。

知识付费社群的操盘手，要引导成员共同产生并记录、传播这些故事。没有故事的社群，是没有生命力的；如同没有历史的文明，也一定是不成功的。

三、扩散一个IP

知识付费社群的传播，依赖于传播IP，而不是直接推广产品。其实故事本来就非常容易形成传播。利用所有可以利用的渠道，如微信、微博、抖音、直播等，发动一切可以发动的粉丝，不断地传播社群故事，才能让更多的人看到社群的旗帜，才能吸引更多的人关注、了解和融入。

IP之间也有竞争，要按照一定的规则去进行推广，一定要选对时间、切对场景，使用正确的方法。

◆知识付费社群受众的大众化和普及化

一个知识付费社群的搭建，并不是简单地将一群人聚集在一起，能够真正将社群与群区别开来的，是聚集了多少有效粉丝！如何快速聚集社群的有效粉丝呢？

一、设置进入知识付费社群的门槛

粉丝进入知识付费社群，需要具备一定的条件。比如，要想加入某个知识付费社群或参加社群的活动时，需要将他们的活动文案转发到微信朋友圈，并配上文字。如此，不仅有利于瞄准精准粉丝，参与进来的用户也有价值感。其弊端在于受众量小，粉丝的心理期待值高。

二、使用固定的价值输出方式

使用固定的价值输出方式，就能让粉丝的选择更精准和更明确。比如，“罗辑思维”就是迄今为止互联网最大的知识付费社群，只有一个主讲人。为知识付费社群粉丝提供一个固定的价值输出，就能更具有领导力和号召力。相反，仅为粉丝和用户提供一个展示自己想法的平台，让平台发挥作用，从而产出内容的社群，就具有一定的不可控性，用户的黏性也比较弱，号召力和影响力也就都不强。

三、使用多种成员加入的方式

在知识付费社群运营的过程中，通常会采用两种邀请成员加入的方式：

（1）推荐人邀请制。由老用户带动新用户，邀请进来的粉丝组织严密，新成员的质量比较高，粉丝对社群的定位比较明确，更容易快速融入社群。

（2）自由加入制。知识付费社群是开放的，外界成员可以自由加入，也可以随时离开，社群规模多变，为知识付费社群增加了很多不确定的因素。

四、加强与粉丝的互动

在与粉丝互动方面，一共有三种模式可供知识付费社群选择：

（1）共建式。让粉丝在知识付费社群中担任一定的角色，承担一定的责任，粉丝对社群的黏性会更强，更容易对社群产生主人翁意识，也会更积极地为社群做出贡献。

（2）回报式。粉丝进入知识付费社群，在群内消耗某些资源，得到应有的回报。这种社群与粉丝之间的互动更有利于明确粉丝在社群内的职务智能，粉丝也更精准。

（3）募捐式。这种知识付费社群与粉丝之间的互动全部依赖于情怀和情感，能清楚地筛选出真爱粉。如果知识付费社群在之后的发展中出现了盈利，很可能伤害部分粉丝。

◆知识付费领域的垂直化和细分化

垂直化、细分化是未来知识付费领域的基本趋势，在很多重要的领域，如健康、情感、理财、法律、职场、IT 等，已经出现了大众化平台向专业化细分产品转化的趋势。

垂直化造成了未来知识付费领域的一个重点：争夺新的细分优质知识领域。知识领域优质的基本标准是这部分内容用户感兴趣、知识与专业人士有较大的信息差，该领域可以用简单的方式进行描述，能吸引较大的流量。例如，豆瓣在文艺领域获得成功、分答发展初期在明星效应上取得的成绩等。

同时，知识付费的产业链也被逐渐细分，问答、课程与咨询等基本形态被细分出众多产品形式。在授课者与用户、授课者与平台之间，出现新的知识服务环节，如笔记整理、知识服务、知识IP孵化等。

小灯塔主要是为用户提供职场类知识付费内容，但自身定位不仅是内容平台，还是职场社区。

小灯塔以知识付费作为切入点，聚拢了一批职业经理人和职场 KOL，用“前辈教后辈”的方式传授职场技能。

小灯塔的希望是产品能覆盖年轻人的全面需求，如学习的需求。此外，还有两个刚需：跳槽和社交。因此，在小灯塔的产品中，社交功能被凸显出来：学员可以加导师和其他学员为好友；导师可以用视频、语音等方式构建自己的圈子；小灯塔鼓励用户分享课程，给用户购课价格优惠。

职场是一个不错的垂直方向，“内容+社交”保证了平台聚拢之人具有相似的标签，而在其他综合知识付费平台，用户或没有标签属性，或完全是不同标签属性的人，产生不了社交链。而职场内容的好处是可以将人们聚集在一起，实现用户成长。

任何技术和商业模式都会经历泡沫期，知识付费也不例外。而且，续费率并不能说明行业的真相，早期离场的用户也不是真正需要“省时间”的人。行业垂直化只能说明很多商家已经意识到一点：在知识付费下半场，用户忠诚度比用户数量更有价值。

在各种商业模式和营销手段的综合运用下，知识的讲述方式比知识本身更重要。如今，“知识网红”越来越多，知识付费平台被大量“二道贩子”占领，他们把自己理解的“知识”讲得活色生香，甚至添油加醋，却无法保证知识的真实性和可信度。甚至很多“知识付费”传播的根本不是知识，而是一些概念。

面对2019年新趋势的推进和发展，知识付费平台的创业者如果想要在新的赛制获得新的发展，该如何做呢？

一、知识产品的深度挖掘

为了应对知识付费产业对内容深度化的需求，知识生产者需要就专业领域的知识构架和知识图谱做好知识价值的深度挖掘，围绕知识点向知识链条不断延伸，从单一知识内容的线性提供拓展到知识体系的提供和延伸。

知识提供者要想在未来知识付费领域的激烈竞争中获得立足之地，

还要从单纯的授予知识向授予方法发展，为线上消费者提供系列性的知识产品。单一线上产品的场景化和互动性相对较弱，对于部分知识消费者来说，知识的吸收度和有效转化还存在一定的障碍，知识提供者完全可以由单一的线上知识产品服务扩展到线上产品与线下服务相结合，努力挖掘付费能力和付费意愿。

二、知识产品的价值垂直化

蒋一恒是创客匠人的创始人，在教育论坛上他曾提出：做不了行业第一，就做唯一。比如，在投资领域，为了应对不断变化的市场和风口，投资行业的从业人员不仅需要广博的知识，还需要对某一领域的知识“专而又专”；而多数投资行业的从业人员都是飞机上的常客，都没有过多的时间系统地学习新知识，需要知识提供者满足其需求。

同时，其他垂直化需求也需要知识提供者深度挖掘。目前，垂直行业型的知识产品还属于蓝海市场，竞争较小，市场需求量大，前景比较广阔。同时，知识产品传播渠道的垂直化也存在极大的潜力。

◆不可回避的版权问题会更严重

与知识付费内容相关的法律问题主要还是版权问题，线上版权缺乏保护仍然是知识付费的巨大问题，对于文字类、音频类的内容盗版现象仍然屡禁不绝。以知乎平台为例，已经查处200多次知识侵权行为。

知识产权的模糊性让很多侵权行为无法界定，一些商业网站将知识付费内容改头换面作为自己的原创内容发出，用户缺少证据无法维权。随着未来知识付费用户的进一步下沉，这一问题定然会更加突出。

小鹅通是国内首家专注内容付费的技术服务商，对于任何盗版侵权内容一直都秉持着零容忍的态度，还专门开发了许多防盗功能，尽力保护各位原创作者的合法权益。

小鹅通为入驻商家提供了终端平台限制能力，用户只能在微信环境中打开课程，避免用户在电脑浏览器利用插件及录屏工具进行录屏；全站采用HTTPS安全网址，直接对手机进行嗅探抓包的内容是无法解密的。

小鹅通还对视频课程进行了重点防范。上传到小鹅通知识店铺的视频，各视频都被分割成3秒左右的小视频片段，用户无法下载到完整课程视频；同时，小鹅通还对各视频小片段进行了内容加密。小鹅通的视频播放地址仅在24小时内有效，过期后该地址将无法播放。

此外，针对图文课程的盗版现象，小鹅通提供了技术防范保障。新建图文课程时，小鹅通支持文字防复制选项，包括商品的文字内容禁止复制等功能。

知识付费陷入困境，主要问题还是版权保护难。为了获取用户流量，将其他人的优质内容进行“二次加工”，之后再发布出来，严重损害原创作者的权益。不能很好地保护原创者，就会打击他们的创作积极性，阻碍整个行业的良性发展。

目前，很多知识付费产品的提供方都在通过加密等方式防止盗版，知识分享平台更应该注意盗版问题，对于存在盗版行为的机构，完全可以通过法律诉讼来维护自身权益。侵权者的侵权成本很低，如微信个人账号侵权，微信平台只能限制侵权者的微信朋友圈功能。可见，知识付费模式要想走得更远，不仅要不断完善版权保护机制，还要做好确权、数据挖掘等系列工作，建立自己的版权维护体系。

对于知识付费社群来说，为了保护知识产权，可以从以下三个角度主动出击。

一、版权的确权

版权确权是指作品(知识商品)创作人向国家或各省、自治区、直辖市版权局提交作品登记申请，确认版权归属。《著作权法》规定：作品的原创作者在创作完成后即享有著作权，因此，确权最终是要确定作品创作完成的时间。

概括起来，版权的确权可以从两方面来实现：

1.时间戳前期保存创作完成时间

可信时间戳是由权威可信时间戳服务中心签发的一个能证明数据电文(电子文件)在一个时间点是已经存在的、完整的、可验证的，具备法律效力的电子凭证，主要用于电子文件防篡改和事后抵赖，确定电子文件产生的准确时间。一旦确定了电子文件产生的准确时间，就能有效防止电子文件的伪造。

2. 在版权局进行版权登记

版权登记属于自愿登记，内容行业企业要对需要登记著作权的作品进行筛选，选择重要的作品进行登记，其他作品只要通过时间戳存证的方式保护即可。之后，等部分作品爆红或遭受侵权后，再选择性地进行登记，用最低成本实现最大保护。

二、版权的保护

版权保护就是从业者遭遇如版权、商标、经营资质、侵权处理等问题时，采取的维权行为。为了保护版权，可以采取预防侵权措施，可以在行业协会等第三方平台登记备案。目前，最行之有效的方法就是，通过可信时间戳技术对作品的创作完成时间进行存证。

版权保护的具体实施方式包括以下几点：

1. 著作权登记

针对侵权行为，先进行版权确权，即作品著作权登记；同时，着手收集侵权证据，并保存侵权证据，必要时可对侵权证据进行时间戳取证或公证。

2. 通过平台投诉渠道发起侵权投诉

拿到著作权登记证书后，通过平台投诉渠道发起侵权投诉。没有投诉渠道的，可以直接对侵权主体或侵权内容发布平台发警告函，要求其删除侵权链接，或下架侵权商品，解决侵权纠纷。

3. 侵权诉讼

为了保护版权，必要时可以提出侵权诉讼。要想通过诉讼途径实现版权保护，就要对侵权证据进行固化。

◆内容越丰富，筛选机制的设立越紧迫

与在线教育相比，知识付费的内容缺少标准化的评价体系。相较于一般的内容变现，其效果更为长久，且用户很难在付费之前对内容进行评价和了解，因此设置合理的内容筛选和推广机制异常必要。

一、“功利化”内容易促成付费意愿

用户的付费意愿主要分为价值认知和需求强弱。

对内容价值认知，即“值得”，可以用来衡量一个内容或服务是否匹配其价值。如何才能让用户觉得值得？答案就是，让内容具有最短的可量化、可变现路径。

数据显示，“能提高工作效率或收入的知识和经验”最能获得用户认可，有63.3%的人有意愿付费；职业与学业的发展建议，40%的人愿意付费。因此，内容产品“功利性”化包装也就成了众多知识出品方的选择。

主打“功利化”，能够更容易地促成用户的付费意愿，但也会造成中后期口碑的缺失。毕竟，干货的产出是需要积淀和整理的。每天新鲜上架的都不是禁不住仔细咀嚼的快餐，一旦用户发现内容没有帮助他们达到“功利性”的目的，对于内容是否为干货的吐槽和不满就会慢慢引发出来。

要想避免“是否为干货”的评判，一种比较讨巧的方式就是做娱乐化内容。用户花钱买的就是电影的网络观看权，就是最新的相声段子或有声小说。通过大IP、网红的加持，即使是娱乐化的短内容，也能在内容付费的赛场上找到属于自己的赛道。

为了强化内容产品的价值感和紧迫感，名人背书、平台认证就显得越发重要。于是，内容产品的介绍信息越来越像被塑封书籍的腰封，人们只能通过精美的装帧、销售排行榜和封面上多个名头来判断是否消费。

二、付费是筛选内容还是筛选用户

多款内容产品在商业化变现上取得的成绩，有目共睹。无论是价值消费，还是冲动消费，只要能销售出去，就是好生意。但产品价值最终都需要一个度量单位来衡量，只有复购率（留存率）才是产品的标的所在。

畅销书未必是好书，付费未必能筛选出优质内容。但是，通过付费确实能筛选出有价值的用户：只有付费人群，才是高价值的目标人群。

对于罗辑思维和得到来说，付费的行为将价值观认同和价格认同的人群筛选出来，只有这部分人才是罗辑思维持续付费的目标用户：他们看了视频、听了音频、买了会员、买了月饼、订了书籍，如今又买了得到一个个专栏。经过一次次的筛选，罗辑思维更加明确了自己“爱智求真”的目标用户。以知乎Live为例，主讲人通常都会在Live末尾留下自己的微信公众号或个人号，通过微信公众号和微信朋友圈的方式持续输出影响力。

◆知识付费的互联网新趋势在哪里

付费经济时代，移动互联网和新媒体的流行改变了知识传播方式。

在过去短短的几年时间里，我们经历过的红利数不胜数：淘宝店、天猫、微信公众号、APP、P2P、微商、炒股、炒楼、炒比特币、知识付费、消费升级等，可是真正抓住的人却很少。在这个世界上，任何模式都不可能永远为人们提供红利，任何产品和平台都有一个生命周期，在经历了大众狂欢的知识付费浪潮后，必然会迎来红利殆尽的衰弱期。

为了抓住机遇应对挑战，可以采用两种方法：①外系统：正确解读市场发展趋势，选择合适的时机进入；②内系统：努力精进，抓住自身红利。

一、跟周期做朋友

在日常生活和工作中，很多人都会自己花钱买知识。对于互联网来说，企业、产品从冷启动阶段开始，经历红利、衰退、萧条期后，必然会迎来复苏阶段。对于有生命力的产品来说，这是螺旋式上升的结果，而最重要的是要花时间与周期磨合，弄清楚其中包含的规律。

二、少就是多

如今，我国知识付费市场正处于快速增长期，这反映出大量需求的存在，但是新媒体与互联网从业者，尤其是年轻人，不能只看到线上推广渠道的流量，不考虑平台的适配性，就大量买入。知识付费的破局方法是做减法、做精品，努力给用户和企业创造价值，运用科技手段进行颠覆式的创新。

三、关注流量效率

不同于品牌广告，用户中小企业甚至新媒体人要考虑的不仅是产品曝光、覆盖人群，互联网时代的广告、知识付费，要做到效果的转化、性价比和销量。

如今，互联网付费的意识已经逐渐深入人心，内容付费优势愈加显著。对于内容产业来说，随着用户群体的扩大，只有加强创新，才能满足用户多样化需求，让用户真心实意地为内容埋单。

结束语

从本质上来说，知识付费就是通过一定的交易方法，让更多的人愿意共享自己的知识和认知，是通过市场规律和互联网传播来实现信息的优化配置。

目前，知识付费行业的发展依然处于早期阶段，依然存在很多问题，如为了适应移动化的消费方式而造成的知识碎片化问题，在知识付费体验差、缺乏内容评价体系和筛选体系、复购意愿不高等问题。从整体产业上看，商业环节和链条的缺失、基础设施和产品设计的不完全、用户群体需要的扩大等，都是制约知识付费发展的重要因素。因此，要进一步对知识付费行业进行整体的梳理和检视。

一、知识付费社群是教育、出版和传媒的整合

知识付费意义最大，能够刺激多数普通人贡献自己的认知盈余，重新定义知识生产。

当免费的新闻、资讯争相涌入用户的手机时，当人们感慨讯息消化能力远跟不上其涌入速度时，2016年“知识付费”在中国兴起。之后，这个词变得异常火热。

根据百度百科的定义，知识付费就是将知识变成产品或服务，实现商业价值。与过去人们熟悉的图书、报纸等“出售”知识不同，活跃在

该领域的一大批公司、平台和“知识网红”，都将自己的知识技能通过互联网，借助智能手机端，实现了变现。

目前，知识付费的体量到底多大？国家信息中心发布的《中国分享经济发展报告2017》显示，2016年我国愿意为知识付费的人数暴涨了3倍，知识付费用户约有5000万人。喜马拉雅FM、知乎、得到和分答等，目前是最受关注的知识服务订阅或分享平台。

二、知识付费是“所有人”与“所有人”对话

无论是夫妻相处之道，还是打开相关的知识付费平台，只要有需求，就能得到丰富的知识。

《中国分享经济发展报告2017》（以下简称“报告”）数据显示，2016年我国提供分享经济的服务者约有6000万人，比上年增加了1000万人；分享经济平台的就业人数约585万人，比上年增加了85万人。报告预期，到2020年，我国分享经济提供服务者人数有望超过1亿人。报告同时预期，2020年分享经济交易规模占GDP比重将达到10%以上，2025年占比将达到20%左右。其中，无论是提供就业机会，还是交易规模，知识付费板块无疑都是最抢眼的。

在“所有人对话所有人”的时代，知识付费的最大意义就是，刺激多数人贡献自己的认知，重新定义知识生产。

传统的教育行业，生产更多的是学习的内容，线上教育还没有完全地被建立起来，一门课单价收费过高，知识更新也不快，出版行业的周期又很长，而占知识付费相当比例的音频产品，极大地填补了这几项知识供给的不足，比出版更快，兼得教育产品的获得感，又能像传媒一样提高传播度，还能容易地被支付，适应人们终身学习的需求。